utb 5600

Eine Arbeitsgemeinschaft der Verlage

Böhlau Verlag · Wien · Köln · Weimar
Verlag Barbara Budrich · Opladen · Toronto
facultas · Wien
Wilhelm Fink · Paderborn
Narr Francke Attempto Verlag / expert verlag · Tübingen
Haupt Verlag · Bern
Verlag Julius Klinkhardt · Bad Heilbrunn
Mohr Siebeck · Tübingen
Ernst Reinhardt Verlag · München
Ferdinand Schöningh · Paderborn
transcript Verlag · Bielefeld
Eugen Ulmer Verlag · Stuttgart
UVK Verlag · München
Vandenhoeck & Ruprecht · Göttingen
Waxmann · Münster · New York
wbv Publikation · Bielefeld
Wochenschau Verlag · Frankfurt am Main

Ingrid Miethe
Dominik Wagner-Diehl
Birthe Kleber

Bildungsungleichheit

Von historischen Ursprüngen zu aktuellen Debatten

Verlag Barbara Budrich
Opladen • Berlin • Toronto 2021

Die Autoren:

Prof. Dr. Ingrid Miethe, Institut für Erziehungswissenschaft, Justus-Liebig-Universität Gießen

Dr. Dominik Wagner-Diehl, Institut für Erziehungswissenschaft, Justus-Liebig-Universität Gießen

Birthe Kleber, Bildungszentrum Heimvolkshochschule Hustedt

Bibliografische Information der Deutschen Nationalbibliothek
Die Deutsche Nationalbibliothek verzeichnet diese Publikation in der Deutschen Nationalbibliografie; detaillierte bibliografische Daten sind im Internet über http://dnb.d-nb.de abrufbar.

Gedruckt auf säurefreiem und alterungsbeständigem Papier

www.budrich.de

utb-Bandnr. 5600
utb-ISBN 978-3-8252-5600-5

Lektorat: Robert Lembke
Satz: Ulrike Weingärtner, Gründau – info@textakzente.de
Umschlaggestaltung: Atelier Reichert, Stuttgart
Titelbildnachweis: Adobe Stock
Druck und Bindung: Pustet, Regensburg
Printed in Germany

Inhaltsverzeichnis

Einleitung

Mit der Veröffentlichung der Ergebnisse der ersten PISA-Studie (Baumert et al. 2001) bekam die Debatte um Ungleichheit im Bildungssystem neue Aktualität. Durch diese Studie wurde einer breiten Öffentlichkeit das Problem bewusst, dass die soziale Selektion im Bildungssystem Deutschlands ausgesprochen stark ist. Infolge von PISA setzten in Deutschland vielfältige Bildungsreformen ein. Damit einher ging auch eine Expansion der Bildungsforschung, sodass heute die Forschungsergebnisse umfangreich und kaum noch vollständig zu überblicken sind. Konsens scheint in der Forschung zu sein, dass es ein anzustrebendes Ziel ist, die soziale Ungleichheit im Bildungssystem zu reduzieren. Zumeist wird dabei nicht expliziert, aus welchen Gründen diese Ungleichheit reduziert werden soll. Allerdings zeigen sich in den Diskussionen *implizite* Vorannahmen einerseits über die Gleichheit bzw. Ungleichheit von Menschen und andererseits Begründungen dafür, warum und ob diese durch Bildung reduziert werden soll oder kann. Das identische Ziel – nämlich die Reduzierung sozialer Ungleichheit – kann also mit ganz unterschiedlichen Begründungen verfolgt werden. Ein Beispiel hierfür ist die sozialliberale Koalition (1969–1982), in der man sich auf eine gemeinsame Bildungsreform des westdeutschen Bildungssystems verständigen konnte. Während für liberale Kräfte die Notwendigkeit der Reform primär durch ökonomische Notwendigkeit begründet war (vgl. Picht in diesem Band), wollten die sozialdemokratisch orientierten Kräfte diese vor allem aus einem Verständnis von Bildung als allgemeinem Menschenrecht heraus (vgl. Dahrendorf in diesem Band). Trotz dieser unterschiedlichen Vorstellungen konnte jedoch – zumindest für einen kurzen Zeitraum – ein Konsens über die Notwendigkeit von Bildungsreformen gefunden werden (vgl. Miethe/Kleber 2013: 165).

An dieser Stelle setzt dieses Lehrbuch ein. In ihm wird der Frage nachgegangen, welche impliziten Vorstellungen und Erwartungen der Forderung, soziale Ungleichheit abzubauen oder auch zu erhalten zugrunde liegen. Ziel des Buches ist es aufzuzeigen, dass

1) eine Diskussion über Gleichheit im Bildungssystem auch voraussetzt, sich das Menschenbild zu vergegenwärtigen, auf dem diese basiert, und danach zu fragen, welche Vorstellungen von Gleichheit und Ungleichheit von Menschen dabei impliziert sind,

2) ausgehend vom jeweiligen Ungleichheitsverständnis unterschiedliche pädagogische bzw. bildungspolitische Interventionsmöglichkeiten und -notwendigkeiten bestehen,
3) derartige Vorstellungen über Jahrhunderte tradiert sind, sich modifiziert und ausdifferenziert haben und damit aktuelle Debatten immer auch in einem historischen Kontext stehen und durch diesen mitgeprägt werden,
4) sich derartige Vorstellungen – ohne dass direkt auf historische Traditionen Bezug genommen wird – auch in aktuellen Debatten wiederfinden lassen.

Ziel des Buches ist es darüber hinaus, „Bilder von Bildung und sozialer Ungleichheit“ herauszuarbeiten. Sowohl der Begriff „Bilder“ als auch der der „Bildung“ erfordert nähere Differenzierungen. Unter „Bildung“ verstehen wir im Folgenden formale, durch das Bildungssystem vermittelte Kenntnisse und Abschlüsse. Dass Menschen auch informell in der Familie und im Alltag Bildung erlangen können, steht dabei außer Frage, ist aber nicht unser Fokus. Auf die Inhalte der vermittelten Bildung werden wir punktuell bei den Bildern eingehen, bei denen dies explizit thematisiert wird und wenn diese eine Relevanz für die Reproduktion oder den Abbau sozialer Ungleichheit hat (z. B. beim Bild „Bildungsmonopol“).

Der andere zu klärende Begriff ist der der „Bilder“. Mit ihm bezeichnen wir im wissenschaftlichen Denken zu findende Grundannahmen, die entweder explizit herausgearbeitet oder implizit enthalten sind und die als Begründungen für pädagogisches Handeln fungieren. In der pädagogischen Debatte hat ein solches Herangehen beispielsweise ein Vorbild in der Frage nach allgemeinen Menschenbildern (vgl. Standop/Röhrig/Winkels 2017; Kron 2001). Ob ein Mensch als von Natur aus gut oder von Natur aus böse betrachtet wird, zieht ganz unterschiedliche pädagogische Konsequenzen nach sich. Das reformpädagogische Bild einer „Erziehung als Wachsenlassen“ (vgl. Kron 2001: 203) ist beispielsweise nur dann sinnvoll, wenn davon ausgegangen wird, dass der Mensch von Natur aus gut ist.

In unserem Fall ist das Bild noch etwas spezifischer. Auch wir kommen nicht umhin, Fragen zum zugrunde liegenden Menschenbild zu stellen. Die Frage „Was ist der Mensch?“ wird hier aber von vornherein in Bezug gesetzt zur Frage, was der Mensch im Verhältnis zu anderen Menschen und im Verhältnis zur Gesellschaft ist. Es wird herausgearbeitet, ob Menschen von Natur aus gleich oder unterschiedlich sind. Sind unterschiedliche Begabungen angeboren oder erworben? Sind Menschen von Natur aus eher praktisch begabt oder intellektuell orientiert? Sind Unterschiede zwischen Menschen gottgegeben oder menschengemacht? Welche Rolle spielen gesellschaftliche

Konventionen? Welche Rolle spielt Gesellschaft insgesamt? Müssen derartige Unterschiede – so es sie tatsächlich gibt – überhaupt verändert werden oder geht es nicht eher um die Wertschätzung der Verschiedenheit von Menschen? Ausgehend von diesem jeweils unterschiedlichen Menschenbild wird dann die Frage verfolgt, welche Rolle die Pädagogik dabei spielt.

Diesen Zusammenhang fassen wir unter „Bilder von Bildung und sozialer Ungleichheit" zusammen. Für eine bessere Lesbarkeit wird dieser Zusammenhang im Buch nur als „Bilder" bezeichnet. Damit sind allgemeine, häufig implizite Vorstellungen über das Verhältnis von Bildung und sozialer Ungleichheit gemeint, die jeweils auf unterschiedlichen Menschen- und Gesellschaftsbildern basieren. Es geht dabei nicht darum Forderungen, beispielsweise nach dem Recht auf Bildung, historisch nachzuzeichnen, sondern um die zugrunde liegenden Begründungen, warum Menschen dieses haben oder auch nicht haben.

Betrachten wir die Entwicklung des pädagogischen Denkens, fällt auf, dass sich über die Jahrhunderte ganz unterschiedliche Vorstellungen vom Verhältnis von Bildung und sozialer Ungleichheit finden lassen. Diese Bilder lassen sich nicht immer nur einer bestimmten historischen Epoche zuordnen, sondern sie existieren teilweise weiter, auch wenn sich der dominante pädagogische Diskurs bereits gewandelt hat. Auch in den aktuellen Debatten lassen sich Bilder wiederfinden, die in historisch früheren Phasen dominant waren. Um diese Konstellationen zu verstehen, ist es hilfreich zu wissen, welche dieser Bilder bereits zu früheren Zeiten diskutiert wurden, weil dies auch deutlich macht, in welchem historischen Kontext sie entstanden und mit welchen impliziten Vorannahmen sie verbunden waren. Dafür ist ein Blick in die Geschichte unumgänglich, denn vieles, was heute völlig neu erscheint, beruht auf Gedanken, die bereits vor Jahrhunderten – mitunter sogar komplexer – gedacht und diskutiert wurde.

Wir möchten Sie deshalb einladen zu einem kleinen Streifzug durch die Geschichte der Pädagogik. Für diesen haben wir eine sehr spezifische Brille aufgesetzt. Es geht uns nicht darum, verschiedene pädagogische Autor*innen in ihrer Gesamtheit und ihrem Gesamtwerk darzustellen. Wer sich dafür interessiert, sei auf die zahlreiche diesbezügliche Literatur und Forschung verwiesen (vgl. z. B. Prange 2008; 2009; März 1998; Tenorth 2000). Uns geht es darum zu ermitteln, welche Bilder über das Verhältnis von Bildung und sozialer Ungleichheit sich in ausgewählten Werken finden lassen. Viele dieser Bilder sind nur implizit enthalten, einige sind auch explizit beschrieben.

Die von uns vorgestellten Bilder von Bildung und sozialer Ungleichheit stehen somit keinesfalls für das Gesamtwerk und das Gesamtdenken der hier zitierten

*Autor*innen, sondern greifen lediglich einzelne für unsere Perspektive grundlegende Aspekte heraus.*

Mitunter haben Autor*innen ihre Positionen auch verändert, beispielsweise in jüngeren Jahren andere Vorstellungen verfolgt als im Alter (wie z. B. Pestalozzi) oder aber widersprüchliche Positionen, je nachdem, auf welche Personengruppen sie sich beziehen (z. B. Rousseau). Auch solche Veränderungen und Inkonsistenzen werden wir nicht nachzeichnen, sondern lediglich beispielhaft Positionen herausgreifen, um die darin enthaltenen Bilder von Bildung und sozialer Ungleichheit herauszuarbeiten. Im Extremfall kann dies sogar dazu führen, dass ein und dieselbe Person verschiedenen Bildern zugordnet werden kann. Andererseits bedeutet diese Analyseperspektive auch, dass mitunter Autor*innen in einem Bild vereint werden, die ansonsten kaum in einer gemeinsamen Tradition gesehen werden (z. B. Dewey und Picht). Trotz völlig unterschiedlicher erziehungswissenschaftlicher und philosophischer Verortungen können in ihrem Denken aber ähnliche Positionen im Hinblick auf das Verhältnis von Bildung und sozialer Ungleichheit zu finden sein, weshalb sie in einem Bild zusammengefasst werden. Wir überzeichnen Bilder teilweise auch, d. h. lassen Nuancen und Details weg, um die Grundlogik deutlich zu machen.

Die folgenden Bilder sind nach einem einheitlichen Muster aufgebaut: In einem *ersten Schritt* wird eine historische Perspektive eingenommen. Hier werden Texte ausgewählter Autor*innen der Pädagogik danach befragt, welche Konzeption von Bildung und sozialer Ungleichheit sich in diesen finden lässt und welche Rolle die Pädagogik und das Bildungssystem demzufolge spielen. Damit erklärt sich auch die Auswahl der von uns behandelten Personen. Wie haben nur solche Autor*innen herangezogen, die sich direkt mit der Frage sozialer Ungleichheit und den davon abgeleiteten pädagogischen Konsequenzen beschäftigt und den wissenschaftlichen oder öffentlichen Diskurs über dieses Thema beeinflusst haben. Es geht uns also um die exemplarische Darstellung von Bildern des Verhältnisses von Bildung und sozialer Ungleichheit – nicht um die Darstellung des Gesamtdenkens der jeweiligen Autor*innen. Notwendigerweise werden dabei die besprochenen Texte aus dem Gesamtkontext des Werks und Denkens der Autor*innen herausgelöst. Um dies etwas zu kompensieren, bieten wir einleitend kurze biografische Skizzen und Kontextualisierungen zu den jeweiligen Autor*innen.

In einem *zweiten Schritt* werden diese historischen Einordnungen abstrahiert und aus ihnen verallgemeinerbare pädagogische bzw. bildungspolitische Konsequenzen entwickelt. In einem *dritten Schritt* zeigen wir anhand der aktuellen Debatte auf, dass sich viele der eigentlich historisch anmutenden Bilder auch heute noch finden lassen. Teilweise werden andere Begriffe benutzt, manche Bilder haben sich vor dem Hintergrund von Humanismus und Aufklärung modernisiert und säkularisiert – ihre Grundmuster sind aber gleich geblieben; andere Bilder sind neu entstanden.

Die Ergebnisse liefern erste Anregungen dazu, wie aktuelle (v. a. mediale und populärwissenschaftliche) Diskurse auch betrachtet werden können. Sie sind hier herzlich eingeladen, aktuelle mediale Debatten mit der in diesem Buch vorgestellten spezifischen „Brille" weiter zu analysieren. Sie werden erstaunt sein, wie oft vor allem in Debatten von Parteien, Verlautbarungen in der Presse und sonstigen Medien und vor allem auch in Erziehungsratgebern sehr alte Bilder in neuem Gewand auftauchen.

Nach einigen Arbeitsfragen, die lediglich als Anregung gedacht sind, werden ausgewählte Originaltexte vorgestellt. Diese sollen zum einen dazu dienen, die zuvor dargestellten Bilder nachzuvollziehen. Gleichzeitig enthalten diese Originaltexte aber weitere interessante Details, auf die in unserem Text nicht spezifisch eingegangen wurde, die eigenständig herausgearbeitet werden können und die zu weiterführender Diskussion einladen sollen. Diese Texte sind damit sowohl für das Selbststudium als auch für die Arbeit in Seminaren sowie weiterführende Diskussionen und Überlegungen geeignet. Die Texte werden in der Originalschreibweise abgedruckt, weichen also vom übrigen Text mehr oder weniger stark ab.

Die Reihenfolge der einzelnen Bilder orientiert sich primär an einem historischen Ablauf, um auf diese Weise auch die Veränderung der Bilder im historischen Kontext (z. B. Prozess der Säkularisierung) nachvollziehen zu können. Die historische Abfolge lässt sich aber nicht vollständig umsetzen, weil spätere Autor*innen auch Gedanken aus früheren Epochen aufgreifen. Die einzelnen Bilder sind jedoch alle aus sich heraus verständlich. Es ist daher nicht zwingend notwendig, diese in der vorgegebenen Reihenfolge zu lesen. Lesen Sie daher nach Ihrem Interesse! Das Buch ist als Anregung zum Nachdenken gedacht – wenn es dazu beiträgt, aktuelle Diskurse in einem neuen Licht zu betrachten, hat es seinen Zweck erfüllt.

1. Eliteförderung: Biologisch begründete Differenzierung

Ein erstes Bild, das sich bereits in der Antike finden lässt, das aber im 20. Jahrhundert eine rassentheoretische Ausformung erhielt, lässt sich als biologisch begründete Eliteförderung beschreiben. Dieses Bild beinhaltet, dass Menschen von Natur aus unterschiedlich begabt sind. Es gibt also Menschen, die natürlicherweise zu Höherem berufen sind, und Menschen, deren biologische Grundausstattung so ungünstig ist, dass für sie ein weiterführender Bildungsweg nicht sinnvoll erscheint. Und: Diese biologische Grundausstattung ist von vornherein in verschiedenen sozialen Schichten unterschiedlich verteilt. D. h., in den unteren Schichten sind eher Menschen mit schlechterer biologischer Grundausstattung zu finden, in den oberen eher Menschen mit besserer Grundausstattung. Entsprechend ist die Tatsache, dass die Kinder oberer Sozialschichten deutlich häufiger weiterführende Bildungswege einschlagen, primär das Ergebnis einer besseren biologischen Grundausstattung dieses Personenkreises. Wenn soziale Ungleichheit sich so von Generation zu Generation reproduziert, ist dies kein Problem, das in irgendeiner Weise bildungspolitisches Handeln erforderlich machen würde, sondern das Ergebnis unterschiedlicher biologischer Grundausstattung in verschiedenen Sozialschichten.

Darin, wie deterministisch dieser biologistische Ansatz gedacht wird, und vor allem auch, welche bildungspolitischen Schlussfolgerungen daraus zu ziehen sind, unterscheiden sich die diesem Bild zuzurechnenden Autor*innen erheblich. Es lassen sich zwei Ausprägungen finden, nämlich a) die Vorstellung einer relativen Beweglichkeit der Begabungen und b) eine volksbiologische Grundargumentation. Für Auffassung a) soll im Folgenden beispielhaft die Konzeption Platons vorgestellt werden, für b) die erbbiologischen Argumentationen von Hartnacke und Müller, die Ende des 19. Jahrhunderts verstärkt diskutiert und dann im Nationalsozialismus weiterentwickelt wurden und nach 1945 in der alten Bundesrepublik durchaus noch diskursfähig waren.

Wenn diese beiden Argumentationen hier in einem Kapitel verbunden werden, wird damit nicht unterstellt, dass die volksbiologischen Argumentationen auf der Konzeption Platons basieren. Es geht lediglich darum aufzuzeigen, dass beide Bilder auf der gleichen Grundlogik basieren, nämlich: Die biologische Ausstattung entscheidet darüber, welche Talente einem Menschen gegeben sind, und je nach natürlicher Begabung wird unterschiedlich viel Bildung investiert.

1.1 Historische Beispiele

1.1.1 Platon: Relative Beweglichkeit der Begabungen

Eine Ausformung des Bildes der biologisch begründeten Eliteförderung mit einer relativen Beweglichkeit der Begabungen zwischen den Sozialschichten lässt sich bei Platon finden.

Platon (427 bis 348 v. Chr.) gilt als einer der klassischen Philosophen des antiken Griechenlands. Geboren wurde er in eine Zeit, in der der Stadtstaat Athen mit seinem Nachbarn Sparta Krieg führte („Peloponnesischer Krieg") und letztlich unterlag. Er erlebte den Niedergang Athens und eine darauffolgende Diktatur wie auch die Wiedergeburt der attischen Demokratie (vgl. Prange 2008: 14f.). Die attische Demokratie war jedoch keine Demokratie, wie wir sie heute kennen, sondern stand nur Männern offen, die als Bürger Athens galten und in einem Bezirk („Deme") registriert waren (vgl. Dahlheim 1992: 185). Die Bevölkerung Athens war unterteilt in Männer und Frauen mit Bürgerrecht, ortsansässige Fremde ohne Bürgerrecht (sog. „Metoiken") und Sklaven (Dahlheim 1992: 201). Letztere stammten überwiegend aus besetzten Gebieten und wurden in unterschiedlichen Bereichen, meist für schwere Arbeit, eingesetzt (vgl. Dahlheim 1992: 204). Die Rolle der Frauen im antiken Athen lässt sich heute nur schwer rekonstruieren. Fest steht, dass sie zwar kein Wahlrecht hatten, aber in vielerlei Hinsicht Männern gleichgestellt waren und wichtige Aufgaben, etwa das Priesterinnenamt, übernahmen (vgl. Dahlheim 1992: 206ff.). Platons philosophische Überlegungen waren stark geprägt durch seinen Lehrer Sokrates. Von Platon ist eine Vielzahl an Schriften erhalten. Eine seiner berühmtesten ist „Politeia" (Der Staat), das als „Hauptwerk der Pädagogik schlechthin" (Koch 2009: 356) gelten kann und auf das nachfolgend noch ausführlicher eingegangen wird. In „Politeia" wird zwar der ideale Staat entworfen, das Buch ist aber „kein politisches Werk", sondern „die schönste Abhandlung über Erziehung, die je geschrieben wurde" (Rousseau, zit. n. Koch 2009: 356). Auch in der heutigen Pädagogik wird immer wieder auf dieses Werk Bezug genommen, insbesondere auf das Höhlengleichnis aus dem siebten Buch der „Politeia". Platons Werke sind gleichermaßen Produkt einer Zeit der politischen Umbrüche und der philosophischen Schaffenskraft des Autors, aber auch zeitlos in ihrer Strahlkraft auf das heutige Denken.

Platon bedient sich im dritten Buch seiner „Politeia" einer zur damaligen Zeit verbreiteten Geschichte. In diesem sogenannten „Mythos von den Erdgeborenen" werden drei Klassen bzw. Stände von Menschen beschrieben:

> Doch als der Gott euch formte, hat er denen, die zum Regieren fähig sind, bei ihrer Erschaffung Gold beigemischt, und das macht sie besonders wertvoll, allen Gehilfen aber Silber, und den Bauern und sonstigen Handarbeitern Eisen und Erz (Platon 2000: 281).

Was hier vorliegt, ist eine biologisch-anthropologische Ausgangsposition. Der Mensch ist im Kontext seiner biologischen Anlagen vorbestimmt, wobei diese Vorbestimmung nicht neutral ist, sondern die Menschen, denen „Gold beigemischt" ist, sind „besonders wertvoll". Die Rede von goldenen, silbernen und eisernen Menschen ist dabei allerdings nur ein Sinnbild für die Verteilung der Begabungen unter der Bevölkerung insgesamt. Platon selbst bedient sich dieses Mythos lediglich, um die Notwendigkeit einer Förderung je nach Begabung zu illustrieren.

Zumeist ist es nach Platon so, dass „goldene" Eltern auch „goldene" Kinder bekommen: „Weil ihr nun alle miteinander verwandt seid, werdet ihr in der Regel Kinder zeugen, die euch selber ähnlich sind" (Platon 2000: 281). Allerdings ist er auch offen für Ausnahmen. So kann es mitunter vorkommen, dass „eiserne" oder „silberne" Eltern „goldene" Kinder bekommen. „Dann sollen sie ihn ehren und in den Stand der Wächter oder in den der Gehilfen emporheben" (ebd.). Genauso ist der umgekehrte Weg denkbar, nämlich dass Kinder „goldener" Eltern „Erz oder Eisen" in sich haben. Dann, so Platon, „sollen sie keinerlei Bedauern mit ihm haben, sondern ihm den Stand zuweisen, den er seiner Natur nach verdient, und ihn zu den Handwerkern oder Bauern verstoßen" (ebd.).

Dies bedeutet, dass zwar die biologische Grundausstattung darüber entscheidet, wozu ein Mensch fähig ist, aber trotzdem eine relative Beweglichkeit zwischen den Sozialschichten besteht. Aus dieser relativen Beweglichkeit der Begabungen in den verschiedenen Sozialschichten resultieren für Platon weitreichende pädagogische Konsequenzen. Denn: Wenn es nicht direkt vom Elternhaus abzuleiten ist, wozu ein Kind begabt ist, kommt es darauf an, die „besten Naturen" (Platon 2000: 603 passim) zu erkennen. Die soziale Herkunft kann diesbezüglich keine sichere Antwort geben. Wenn es aber nicht gelingt, die (wenigen) Talente aus unteren Sozialschichten zu erkennen bzw. wenn (wenige) nicht-talentierte Kinder aus oberen Sozialschichten in einflussreiche Positionen kommen, würde der Staat insgesamt Schaden nehmen. Vor allem ist es problematisch, wenn Kinder, die nicht über Talente verfügen, trotzdem weiter gefördert werden und gesellschaftliche Positionen erhalten, denen sie aufgrund ihrer fehlenden Talente nicht gewachsen sind. Da sie ihre Position nicht adäquat ausfüllen können, nimmt die Polis Schaden (vgl. Platon 2000: 335).

Pädagogisch stellt sich hier die Frage, wie die jeweils biologisch vorgegebenen Talente der Kinder überhaupt zu erkennen sind. Dies, so Platon (2000: 629ff.), geschieht durch eine genaue Beobachtung im Kindesalter, bei der auf vielfältige geistige und körperliche Kriterien geachtet werden muss. Zum Erkennen dieser herausragenden „natürlichen Anlagen" (Platon 2000: 629) sind die Eltern allerdings nicht geeignet, weil sie nicht zu einer objektiven Einschätzung ihrer Kinder in der Lage sind. Vielmehr werden die Kinder von Philosophen erzogen, die aufgrund ihrer Vorbildung die Talente der Kinder adäquat zu erkennen vermögen. Sie verfügen also über einen Expertenstatus, der notwendig ist, um die richtige Auswahl unter den Kindern zu treffen.

Um überhaupt eine Entscheidung treffen zu können, müssen zunächst alle Kinder gleichermaßen in einen Bildungsprozess integriert werden. Nur so ist es möglich, sowohl die „goldenen" Kinder aus einem „eisernen" Elternhaus als auch die „eisernen" Kinder aus einem „goldenen" Elternhaus finden und auswählen zu können. Alle Kinder müssen solange gleichermaßen eine sehr gute Bildung bekommen, bis eine Auswahl nach den biologisch begründeten Begabungen sicher vorgenommen werden kann. Diese Entscheidung wird bei Platon allerdings erst sehr spät, nämlich nach dem zwanzigsten Lebensjahr getroffen (vgl. Platon 2000: 635). Eine finale Auslese wird nach dem dreißigsten Lebensjahr vorgenommen. Lediglich die dabei ausgewählten Personen werden bis zu ihrem fünfzigsten Lebensjahr als Bildungselite allumfassend zu Philosophen ausgebildet (vgl. Platon 2000: 643f.).

Interessant ist hier zu betrachten, auf welche Ungleichheitsdimensionen sich Platon bezieht. Für die Dimension Geschlecht verweist er explizit darauf, dass auch Frauen alle gesellschaftlichen Positionen besetzten und damit auch „Regentinnen" werden können (vgl. Platon 2000: 645; Fink 2001: 97).

> Denn glaube doch ja, daß sich das, was ich gesagt habe, ebenso wie auf die Männer auch auf die Frauen bezieht, soweit sie ihrer Natur nach dazu geeignet sind (Platon 2000: 645).

Das bedeutet, dass die von ihm erstellte Konzeption für Männer und Frauen gleichermaßen gelten sollte, Männer und Frauen sind also nicht von Natur aus unterschiedlich, sondern in beiden Gruppen werden „goldene", „silberne" und

„eiserne“ Kinder geboren. Trotzdem spricht er in seinen Schriften immer nur von Männern, die zu Philosophen gebildet werden.

Bezüglich anderer sozialer Gruppen nimmt er explizite Ausschlüsse vor. So bezieht er seine Konzeption ausschließlich auf Freie, nicht aber auf Sklaven. Auch Menschen mit Behinderung können bei Platon nicht zu den „goldenen“ Menschen zählen, da sich seine Auswahl ausschließlich auf „leiblich und geistig wohlgestaltete Männer“ (Platon 2000: 631) bezieht (vgl. Fink 2001: 98). Auch ältere Menschen, die in ihrer Kindheit nicht die ihren Talenten entsprechende Bildung erfahren haben, sind in der Konzeption Platons nicht mehr Gegenstand erzieherischen Handelns, da sie nicht mehr viel lernen könnten (vgl. Platon 2000: 633). Wurde also ein „goldenes“ Kind im Selektionsprozess übersehen, kann das nachträglich nicht mehr kompensiert werden. Alle „großen und anhaltenden Anstrengungen“, so Platon, „sind Sache der Jugend“ (Platon 2000: 633).

Die gezielte Förderung der biologisch angelegten Talente ist somit das Hauptziel der pädagogischen Konzeption Platons. Dies ist notwendig, da nur die entsprechend veranlagten Menschen geeignet sind, die Polis zu regieren. Nur dann, wenn die Stadt gut regiert ist, wird dem Volk der „größte Segen“ (Platon 2000: 647) zuteil. Die gezielte Elitebildung soll also letztlich dazu führen, dass es auch den unteren Ständen gutgeht. Ein ständisches Bildungssystem dient damit allen. Handelte man aber gegen die Natur der natürlichen Begabungen, führte dies zu Chaos und Schaden. Das Ständesystem ist in dieser Konzeption also biologisch gegeben, wird aber nicht notwendigerweise vererbt. Das heißt, mit jeder neuen Generation ist potenziell offen, wer in der Gesellschaft oben oder unten sein wird, wenn Platon auch nicht umhinkommt festzustellen, dass „goldene“ Kinder doch etwas häufiger von „goldenen“ Eltern geboren werden (s. o.).

1.1.2 Volksbiologische Argumentationen

Eine ganz andere Ausprägung der Vorstellung biologisch gegebener Unterschiede zwischen Menschen verschiedener Sozialgruppen finden wir in den volksbiologischen Argumentationen, die in der Zeit des Nationalsozialismus durch ihre Übertragung auf rassistische Theorien einen traurigen Höhepunkt fanden (Müller 1935, 1943). Diese nationalsozialistischen Diskurse schlossen teilweise an frühere Überlegungen zur biologisch bestimmten Ungleichheit verschiedener Sozialgruppen an und wurden auch nach 1945 in Westdeutschland noch weiter rezipiert (Müller 1956).

Ein Beispiel für diese Argumentation sind die Publikationen von Wilhelm Hartnacke und Karl Valentin Müller, die sich wechselseitig zur Kenntnis nahmen und zitierten.

Wilhelm Hartnacke (1878–1952) war zunächst als (Ober-)Lehrer an verschiedenen Höheren Schulen tätig, bevor er in die Bildungsadministration wechselte. 1910 bis 1919 war er Stadtschulrat in Bremen, danach in Dresden. Neben seiner pädagogischen und bildungspolitischen Tätigkeit war er immer auch publizistisch in Bildungsfragen aktiv. Seine Arbeiten wurden breit zur Kenntnis genommen und rezipiert. Aufgrund seiner ablehnenden Haltung gegenüber der Einheitsschule und der Akademisierung der Volksschullehrerausbildung kam es bereits in der Weimarer Zeit zu Konflikten mit den im Dresdner Lehrerverein organisierten Volksschullehrern. Nach der nationalsozialistischen Machtergreifung (1933) wurde Hartnacke zum Volksbildungsminister in Sachsen ernannt. In dieser Funktion versuchte er seine volksbiologischen Vorstellungen in die Praxis umzusetzen, indem er massive Zugangsbegrenzungen zu den Höheren Schulen durchsetzte. Dies traf aber auch auf Widerstand anderer einflussreicher Nationalsozialisten. Derartige parteiinterne Auseinandersetzungen führten letztlich dazu, dass Hartnacke 1935 aus seinem Amt entlassen wurde. Im Anschluss war er wieder als Lehrer an einem Gymnasium in Dresden tätig (vgl. Reichel o. J.). Er setzte seine erbbiologischen Forschungen als Privatier fort und publizierte 1950 das unten zitierte Werk „Geistige Begabung, Aufstieg und Sozialgefüge. Gegen eine Verstümmelung der Höheren Schule", das in weiten Teilen an seine früheren Positionen anschließt. In diesem verbindet er seine rassebiologischen Positionen mit empirischen Methoden.

Hartnacke erklärt die hohe soziale Selektivität der Gymnasien in der Weimarer Zeit mit „einer unterschiedlichen Verteilung der geistig Leistungsfähigen über das Volksganze" (Hartnacke 1932: 31), womit der „grundlegende biologische Sachverhalt der Sozialsiebung" (Hartnacke 1950: 28) erklärt wird. Nach 1945 schließt er (mit etwas weniger nationalem und erbbiologischem Pathos) nahtlos an seine Argumentation an und begründet soziale Selektion im Bildungssystem erneut biologisch:

> Man kann nicht oft genug sagen: die geringen Aufstiegs- und Lebenserfolge des Durchschnitts der Arbeitersöhne im Vergleich zu den Söhnen aus der geistigen Sphäre sind nach allem nicht einem Niederhaltungswillen bei den herrschenden Klassen zuzuschreiben, vielmehr sind sie

> durch Vorgänge sozialbiologischer Siebung zustande gekommen (Hartnacke 1950: 26).

Soziale Ungleichheit im Bildungssystem ist daher „nicht grundsätzlich das Ergebnis eines Unterdrückungswillen [sic!] durch die ‚Herrschenden'". Vielmehr entsteht die existierende Unterrepräsentanz der Kinder aus unteren Sozialschichten als Folge des „Gefälle[s] des Seltenheitsgrades der geistig-theoretischen Tüchtigkeit" (Hartnacke 1950: 26).

Die Konzeption, die hier entwickelt wird, nimmt an, dass in unteren sozialen Schichten biologisch weniger Talente vorhanden sind als in oberen sozialen Schichten. Ungleichheit im Bildungssystem ist daher Resultat einer biologischen Vorbestimmung und kein grundsätzlich zu bearbeitendes Problem. Das „Sozialgefälle" ist das Ergebnis ungleicher Verteilung geistiger Talente, die eben in den unteren Sozialgruppen entsprechend seltener als in gehobenen Schichten zu finden sind.

Ganz ähnlich argumentiert Karl Valentin Müller.

Karl Valentin Müller (1896–1963) war Gewerkschafter, Sozialdemokrat und Sozialanthropologe. Müller versuchte bereits in der Weimarer Zeit eine „Synthese zwischen sozialer Frage und Rassenfrage" (Ferdinand 2006: 217) herzustellen, indem er historisch eine „Arbeiterelite" nachzuweisen versuchte. Die erbbiologischen Vorstellungen Müllers fielen im NS-System auf fruchtbaren Boden. In seinen Arbeiten während der NS-Zeit entwickelte er ein rassebiologisches Zuchtmodell zum „Aufstieg des Arbeiters", in dem er die „deutsche Rasse" als eine „autarke Rasse" definierte (vgl. Ferdinand 2006: 221; Müller 1935: 113f.). 1941 übernahm er den neugeschaffenen Lehrstuhl für Sozialanthropologie an der Deutschen Karls-Universität Prag und war führend in der Reinhard-Heydrich-Stiftung aktiv, die sich mit Plänen zur Germanisierung Böhmens und Mährens beschäftigte. Nach 1945 konnte er in Westdeutschland seine Karriere nahtlos fortsetzen. Er erhielt die Möglichkeit in Hannover ein „Institut für Begabungsforschung" aufzubauen. 1955 wurde er auf den Lehrstuhl für Soziologie und Sozialanthropologie an der Hochschule für Wirtschafts- und Sozialwissenschaften Nürnberg berufen (vgl. Käsler 1997).

In seinem zentralen Werk „Der Aufstieg des Arbeiters durch Rasse und Meisterschaft" (1935) entwickelt er seine erbbiologischen Vorstellungen, laut derer Menschen von unterschiedlichem Wert seien. „Je nach Leistungsfähigkeit für das Volksganze", so Müller (1935: 23), „sind die einzelnen Menschen von *verschiedenem Wert* [Hervorh. i. Orig.]." Diese Leistungsfähigkeit sei wiederum ausschließlich durch erbbiologische Ursachen bedingt. „Die Wesensverschiedenheit des Menschen", so Müller (1935: 26) beruhe „allermeist und am *allertiefsten in ihrer erblichen Anlage* [Hervorh. i. Orig.]".

Aufgrund erbbiologischer Unterschiede differenziert Müller zwischen „zwei nach Herkunft, Bewährung und sozialer Antriebsfähigkeit grundsätzlich verschiedene[n] Arten von Arbeitersippen". Es gäbe Menschen, „die Proletarier aus Beruf, aus Art sind, und solche, die es wider ihre Art – vielleicht nur vorübergehend – sein müssen" (Müller 1935: 71). Damit werden mögliche höhere Begabungen in der Arbeiterschicht biologisch daraus hergeleitet, dass es sich bei den leistungsfähigeren Proletariergruppen um die Nachfahren der Meister und Handwerker des Mittelalters handele, deren soziales Milieu im Zuge der Entwicklung des Kapitalismus verlorenging, während es sich bei den weniger leistungsfähigen Proletariern um Nachkommen „geborener Knechte" (ebd.: 59) handele. Erziehung spielt für diese Unterschiede keine Rolle: „Wichtiger als die Erziehung eines Volkes oder einer Volksschicht ist seine Erziehbarkeit; und diese ist unwiderruflich in seinen Erbwerten begründet" (ebd.: 36).

Begabungsunterschiede der sozialen Schichten verbinden sich in der Vorstellung Müllers auch mit rassebiologischen Unterschieden. „Der Aufbau menschlicher Kulturgemeinschaft", so Müller (ebd.: 31) „erfolgt stets unter Vorantritt und Führerschaft jeweils fähigster Rassen." Und diese fähigste „Rasse" – und hier wird die uneingeschränkte Übereinstimmung mit nationalsozialistischem Gedankengut unübersehbar – ist die „nordische Rasse", die „im wesentlichen [sic!] als die ‚Führerrasse' […] angesprochen werden" muss (ebd.: 74). Entsprechend diagnostiziert Müller auch ein „gewisses *Gefälle nordischer Rassezüge nach der sozialen Stufenfolge* [Hervorh. i. Orig.]" (ebd.: 74).

Ausgehend von diesem Menschenbild erscheint weiterführende Bildung nur für die Personen sinnvoll, die erbbiologisch und „rassisch" als höherwertig eingestuft sind. Für die anderen soll entweder ein Minimum an Bildung, das sie benötigen, um eine dem Volkswesen dienende Beschäftigung ausüben zu können, ausreichen oder aber erbbiologisch als weniger wertvoll angesehene Menschen werden an der Fortpflanzung gehindert, wie dies im NS durch das „Gesetz zur Verhütung erbkranken Nachwuchses" (1933) mit zwangsweisen Sterilisationsmaßnahmen vorgenommen wurde. Dieses Gesetz wird entsprechend von Müller ausdrücklich befürwortet, der in seiner Schrift die „schönen Erfolge der Unfruchtbarmachung der ersten hunderttausend Rassekranken" (ebd.: 152) lobt.

Während Müller in der NS-Zeit noch durchaus „wertvolle" deutsche Proletarier findet, die damit auch förderungswürdig sind, verliert sich dieser Gedanke in seinen Schriften nach 1945. Hier dominiert die Differenzierung nach sozialen Schichten und eine entsprechende schichtspezifische Förderung. Sowohl Müller als auch Hartnacke gehen aber davon aus, dass es auch „zweifelsfrei Gutbegabte“ (Müller 1956: 134), „aus minderbegabten Stämmen herausmendelnde Begabungen“ (Müller 1956: 135) bzw. „Fälle höchster Begabung aus kümmerlichster Umwelt“ (Hartnacke 1932: 52) gibt. Dies – und hier liegt ein entscheidender Unterschied zur Konzeption Platons – führt aber keinesfalls dazu, dass dieser Personenkreis an eine weiterführende Bildung herangeführt werden sollte. Ganz im Gegenteil: Es geht darum, diese Talente gerade „unten“ zu halten, indem „Schuleinrichtungen“ geschaffen werden, „die ihrer Art nach nicht zum Studium führen, oder besser gesagt, verführen“ (Hartnacke 1932: 80). Mehrere Argumente werden vorgebracht, weshalb trotz durchaus möglicher Begabung untere Sozialgruppen nicht weiter gefördert werden sollten:

- Ein Argument ist, dass die wirklich begabten Arbeiterkinder auch von sich aus Wege jenseits der höheren Schule finden würden, über die sie Aufstiege vollziehen können (vgl. Hartnacke 1932: 73).
- Ein anderes Argument ist volksbiologischer Natur. Ausgangspunkt dafür ist der Befund, dass Menschen, die einen weiterführenden Bildungsweg einschlagen, i. d. R. später oder gar nicht heiraten und damit weniger Kinder bekommen als Personen unterer Sozialschichten. Da Intelligenz, so die These, in den oberen Sozialschichten deutlich häufiger vorkommt als in unteren Sozialschichten, kommen somit weniger begabte Kinder zur Welt, wodurch die Gefahr der „Kulturminderung“ (Hartnacke 1932: 49) des Volkes insgesamt bestehe. Dieser Entwicklung müsse entgegengewirkt werden, indem verhindert wird, dass weitere Berufe akademisiert werden, damit begabte Kinder in den unteren Sozialschichten verbleiben.
- Ein drittes Argument geht davon aus, dass durch die bereits durchgeführten Bildungsreformen ohnehin schon viele begabte Kinder auf weiterführende Schulen kommen, und die Volksschicht damit „ausgepowert“ (Hartnacke 1932: 30) wird. Denn wenn wirklich alle Kinder nach ihren Begabungen gefördert würden, so würden damit die unteren Sozialschichten „endgültig und unwiederbringlich zu natürlichen Pariaschichten“ (Müller 1956: 135). „Das Proletariat würde nach dem Abschöpfen der letzten begabungsmäßigen Fettaugen durch radikale Begabtenförderung auf jede Illusion künftiger Aufstiegs- und Führungsansprüche verzichten müssen“ (Müller 1956: 135). Die führenden Schichten würden „verjüngt und ergänzt durch die letzten noch auftauchenden Begabungsreserven“ (ebd.) eine Macht entwickeln, denen das intellektuell dann restlos unterlegene

Proletariat nichts entgegenzusetzen hätte. Mit einer solchen „Verkrustung und Vergreisung" wären letztlich auch der soziale Ausgleich zwischen den Sozialgruppen und der soziale Frieden gefährdet.

Grundsätzlich gehen die Konzepte daher – ähnlich wie Platon – von einer biologisch begründeten Unterschiedlichkeit aus. Ziel ist es – ebenfalls wie bei Platon –, die besonders Begabten auch besonders zu fördern. Im Unterschied zu Platon besteht jedoch kein Interesse daran, Begabungen aus unteren Sozialschichten zu erkennen und diese zu fördern. Ganz im Gegenteil: Auch wenn Begabte aus unteren Schichten existieren, gibt es Gründe (s. o.) dafür, diese nicht im selben Maße wie Kinder oberer Sozialgruppen zu fördern. Im Unterschied zu Platon, wo die Entscheidung über eine endgültige Auslese sehr sorgfältig getroffen wird und sich bis ins 30. Lebensjahr hinzieht, gilt hier: „Man muss richtig auslesen und vor allem *ausmerzen* [Hervorh. i. Orig., d. A.], und man muss das früh tun" (Hartnacke 1932: 80).

1.2 Pädagogische und bildungspolitische Konsequenzen

Legt man das Bild „Eliteförderung" zugrunde, so impliziert dies, dass nicht jeder Mensch gleichermaßen zu allem befähigt ist. Unterschiedliche Leistungen von Kindern erklären sich in diesem Bild primär aus biologisch bedingten Unterschieden. Dies bedeutet, dass pädagogische Bemühungen unterschiedlich gute Aussichten auf Erfolg haben. Konsequenterweise sollte daher in erster Linie in Kinder investiert werden, die von vornherein über eine bessere Ausgangssituation verfügen. Bezüglich der pädagogischen Konsequenzen aus diesem geteilten Grundverständnis ergeben sich jedoch in der Konzeption Platons und den volksbiologischen Argumentationen konträre Schlussfolgerungen:

1. In der Tradition Platons ist der Prozess der Begabtenauslese relativ offen. Da es im Ausnahmefall auch möglich ist, dass begabte Kinder in Unterschichtsfamilien geboren werden und unbegabte Kinder in Oberschichtsfamilien, muss der gesamte pädagogische Prozess darauf ausgerichtet sein, die Begabungen der Kinder möglichst gut zu erkennen. Erziehungstheoretisch bedeutet dies, dass Pädagog*innen gezielt darauf achten müssen, ob nicht gerade Kinder aus benachteiligten Elternhäusern über besondere und damit förderungswürdige Begabungen verfügen. Auch kann nicht automatisch unterstellt werden, dass alle Kinder von Eltern, die selbst studiert haben, auch wieder studieren müssen. Pädagogisch sollte also sehr genau und schichtübergreifend offen beobachtet werden, welche Kinder welche

Talente zeigen. Bildungspolitisch kommt es dann darauf an, Strukturen zu entwickeln, die 1) in der Lage sind diese Talente zu erkennen und 2) diese auch entsprechend fördern. Beide Aufgaben erfordern professionelle, fachlich qualifizierte Personen und entsprechende Bildungsinstitutionen, die eine Art Korrektiv gegenüber der Einschätzung der Eltern darstellen. Eine Selektion darf erst dann erfolgen, wenn Talente zweifelsfrei erkannt werden können – das heißt erst im späten Jugendalter.

2. Bei den volksbiologischen Positionen stellt sich die pädagogische und bildungspolitische Ausrichtung als vollkommen konträr zu den Schlussfolgerungen Platons dar. Hier wird zwar durchaus auch gesehen, dass es in unteren Sozialschichten Kinder mit herausragenden Begabungen geben kann. Diese sind aber von vornherein nicht die anvisierte Zielgruppe. Vielmehr sollte prinzipiell eine Selektion im Bildungssystem entsprechend der sozialen Schicht vorgenommen werden. Diese sollte möglichst früh erfolgen, um auf diese Art und Weise die talentierten Kinder besonders gut fördern zu können. Ein hoher Prozentsatz von Kindern aus oberen Sozialgruppen in den weiterführenden Schulen stellt kein Problem dar, sondern entspricht (weitgehend) der biologisch vorbestimmten Verteilung von Begabungen. Die Tatsache, dass mit diesem Ansatz auch Talente aus unteren Schichten übersehen werden, stellt kein Problem dar, da es Gründe gibt (s. o.), die für einen Verbleib dieser Talente in den unteren Sozialgruppen sprechen.

3. Sowohl bei Platon als auch bei den volksbiologischen Ansätzen ist ein gegliedertes Schulsystem das Ziel. Bei Platon setzt dieses allerdings erst sehr spät ein, nämlich dann, wenn die Talente sicher erkannt werden können (20. Lebensjahr), während es bei Hartnacke/Müller von vornherein gesetzt ist und damit auch von Anfang an praktiziert werden sollte. Aus der identischen Ausgangslage, nämlich der Annahme, dass Begabungen primär biologisch und schichtspezifisch vorbestimmt sind ziehen beide Ansätze die entgegengesetzte Schlussfolgerung hinsichtlich der Offenheit des prinzipiell für notwendig erachteten gegliederten Bildungssystems: Bei Platon hat das gegliederte Bildungssystem primär einen (späten) Selektionsauftrag, bei Hartnacke/Müller einen Reproduktionsauftrag.

1.3 Aktuelle Beispiele

Wenn wir Platon lesen und seine Sprache der goldenen, silbernen und eisernen Menschen hören, kommt uns dies leicht antiquiert vor. Doch das Bild lässt sich heute durchaus wiederfinden. Ein naheliegendes Beispiel ist das in Deutschland existierende dreigliedrige Schulsystem. Von welcher Logik geht dieses System aus? Es impliziert, dass Experten (Lehrkräfte) eine Entscheidung darüber treffen können, zu welcher Begabtengruppe ein Kind gehört. Die geistig-intellektuell Begabten werden ins Gymnasium geschickt, die praktischbegabten an die Realschule, der Rest an die Hauptschule. Wenn somit Kinder aus unterschiedlichen Sozialgruppen in diesen Schulformen unterschiedlich stark vertreten sind, ist dies die logische Folge einer unterschiedlichen Begabung innerhalb dieser Sozialgruppen. Arbeiterkinder seien tendenziell eher praktisch begabt und Akademikerkinder eher intellektuell begabt. Einer geringen Anzahl von intellektuell begabten Arbeiterkindern steht der Weg zum Gymnasium ebenfalls offen – ganz im Sinne von Platon kann es eben hin und wieder vorkommen, dass auch in „eisernen" Familien „goldene" Kinder geboren werden;

In den aktuellen Debatten wird das dreigliedrige Schulsystem nicht mehr (wie bei Platon) damit begründet, dass Kinder vollständig biologisch determiniert seien, sondern der soziale Faktor, d. h. eine unterschiedliche Förderung im Elternhaus, wird durchaus auch gesehen. Nichtsdestotrotz bleibt die Grundlogik dieselbe: Kinder sind unterschiedlich begabt und werden dementsprechend selektiert. Die Schule hat die Aufgabe, diesen Selektionsprozess auszuführen. Nur die Besten werden lange gefördert und in separaten Einrichtungen (Gymnasien) die Möglichkeit erhalten, ohne die hemmenden Einflüsse der weniger Begabten ihren (weiterführenden) Bildungsweg zu gehen. Allerdings erfolgt die Selektion in Deutschland bereits nach der 4. bzw. 6. Klasse – also zu einem Zeitpunkt, der im Sinne Platons viel zu früh kommt, um überhaupt Begabungen unterscheiden zu können.

Platons Gedanke, dass Menschen in Bezug auf ihre Ursprungstalente auch inadäquat gefördert werden können, findet auch in Debatten um Bildungsaufstiege seinen Niederschlag. So tauchte in Debatten zum Bildungsaufstieg vor allem in den 1970er und 1980er Jahren immer wieder die Idee auf, dass Bildungsaufsteiger*innen durch diesen Weg unglücklich werden und teilweise persönlichen Schaden nehmen. Buchtitel wie *Vielleicht wäre ich ja als Verkäuferin glücklicher geworden* (Theling 1986) zeigen beispielhaft diesen Diskurs auf. Dies führte so weit, dass aufgestiegenen Arbeiterkindern schwere psychische Probleme nachgewiesen wurden, die dadurch entständen, dass sie ihre angestammten Milieus verlassen haben (z. B. Eßbach-Kreuzer 1980). Interessanterweise lässt sich kaum ein Diskurs finden, der auf die Probleme von Akademikerkindern verweist. Auch diese wären ja möglicherweise als Zimmermann glücklicher gewesen, denn als ein auf Druck der Eltern sich durch ein ungeliebtes Studium quälender Rechtsanwalt. Die Probleme eines Aufstiegs sind offensichtlich in der Wissenschaft und Öffentlichkeit sehr viel präsenter als die – nach Platon genauso konzipierten – sozialen Abstiege.

Ein anderes Beispiel stellt der aktuelle Diskurs um Hochbegabung dar. Auch hier werden Menschen von Expert*innen, i. d. R. über Tests, als Hochbegabte definiert. Immer wieder wird dabei auf den von Galton entwickelten Intelligenzquotienten rekurriert, der Mitte des 19. Jahrhunderts nachzuweisen versuchte, dass Hochbegabung angeboren sei (vgl. Ziegler 2018: 22). Heute weiß man allerdings, dass es so etwas wie eine angeborene Hochbegabung, die sich nach und nach von selbst entfaltet, nicht gibt (vgl. Preckel/Baudson 2013: 24). Stattdessen werden „wissenschaftlich begründete Urteile über die wahrscheinliche Entwicklung des gesamten Systems aus einer Person und ihrer Umwelt“ (Ziegler 2018: 18) getroffen. Trotz dieser differenzierten und relativierenden wissenschaftlichen Befunde über Vererbung von Intelligenz finden sich in aktuellen Zeitschriften und damit im öffentlichen Diskurs über Hochbegabte nach wie vor biologistische Vorstellungen. Exemplarisch mag dafür das folgende Zitat stehen, das in der Zeitschrift „Focus Schule. Das Magazin für engagierte Eltern“ (vom 01.11.2008) erschien. „Focus Schule“ ist in seiner Selbstdarstellung die „große Zeitschrift für Eltern von Schulkindern“ und bietet „Wissen, Orientierung und Inspiration für das Leben und Lernen mit Schulkindern.“[1] Dort wird geschrieben:

> Etwa zwei Prozent aller Kinder liegen mit ihrem Intelligenzquotienten von mehr als 130 über der Norm. 300000 Schüler gelten damit in Deutschland als hochbegabt, können also schneller denken als ihre Klassenkameraden. Effizienter sein Gehirn benutzen zu können bedeutet aber nicht per se Klassenbester oder Universalgenie zu sein. Hochbegabte lernen leicht, verabscheuen Wiederholungen und suchen ständig nach neuen Lernreizen, um ihre Neugier zu stillen. Solche Schüler stellen jede Regelschule, in der viel wiederholt und lange geübt wird, vor Probleme. So malen Maries Mitschüler seit Wochen Buchstaben in ihr Heft. Marie erklärt ihnen unterdessen, dass das Fragewort ‚wo‘ im Englischen ‚where‘ heißt, das im Deutschen ähnlich lautende ‚wer‘ aber

1 https://www.magazin-schule.de/focus-schule-heisst-jetzt-magazin-schule/ [Letzter Zugriff 16.10.2020].

> ‚who'. Dabei hatten sie noch gar kein ‚W'. Marie braucht andere Aufgaben sowie einen Lehrer, der sie nicht Buchstaben malen lässt, sondern ihr erlaubt, Geschichten zu schreiben. Sonst entwickeln sich Kinder wie Marie manchmal zu kompletten Schulversagern, sogenannten ‚Underachievern'. Ähnlich geht es dem Rennpferd, wenn es wochenlang mit Ponys im Gleichschritt trottet: Es verlernt die Freude am Rennen (Meckel 2008).

Auffallend an diesem Zitat ist, dass vorausgesetzt wird, dass Marie ihr Gehirn „effizienter" nutzen kann als andere. Die Effizienz des Gehirns ist sozusagen die unhinterfragte Ausgangsdisposition, womit Rekurs auf eine biologistische Determiniertheit genommen wird. Während das pädagogische Problem durchaus differenziert und sicherlich auch zutreffend beschrieben wird und natürlich auch einer entsprechenden Lösung bedarf, machen die letzten Sätze doch wieder die impliziten biologischen Grundannahmen deutlich, denn der Vergleich zwischen einem Rennpferd und einem Pony ist eine ausschließlich biologistische Argumentation. Bei allem Training und aller Förderung wird aus einem Pony nie ein Rennpferd werden. Es handelt sich um zwei grundverschiedene biologisch vorgegebene Pferderassen. Praktische Konsequenzen aus einer solchen Logik sind Klassen und/oder Schulen für Hochbegabte, die noch dazu sehr früh einsetzen müssen, denn das Erlernen des „W" dürfte Unterrichtsstoff in der ersten Klasse sein.

In jüngster Zeit kamen auch wieder Argumentationen in den öffentlichen Diskurs, die an die oben vorgestellten volksbiologischen Ansätze anschließen. Als ein prominenter Vertreter dieser Debatte kann Thilo Sarrazin angesehen werden. Sarrazin geht zunächst davon aus, dass 50 bis 80 Prozent der menschlichen Intelligenz vererblich seien (vgl. Sarrazin 2012: 226). Die Tatsache, dass Begabung zu einem gewissen Anteil erblich ist, bestätigt die aktuelle psychologische Literatur durchaus, allerdings ist erstens Umstritten, wie viel Prozent dies tatsächlich ausmacht und zweitens wird davon ausgegangen, dass sich die vererbten Begabungen erst in Interaktion mit Umweltfaktoren entfalten. Es kann also nicht kausal von einer Vererbung auf eine bestimmte Begabung geschlossen werden (vgl. Gerrig 2018: 358–361).

Sarrazin nimmt jedoch diese biologischen Unterschiede als unhinterfragbaren Ausgangspunkt und argumentiert weiter, dass die im 20. Jahrhundert stattgefundene Öffnung des Bildungssystems dazu geführt habe, dass die begabten Kinder aus unteren Schichten die Möglichkeit eines Aufstiegs bereits haben. Dies führt nach seiner Meinung zu einer „Entleerung der unteren Schichten von intellektuellem Potenzial" (Sarrazin 2012: 227). Dieser „Prozess der Entleerung der unteren und mittleren Schichten von intellektuellem

Potenzial schreitet [...] umso schneller voran, je erfolgreicher das Bildungssystem auf Chancengleichheit getrimmt wurde“ (ebd.). Wenn man dem Sarrazinschen Verständnis der Vererbung von Intelligenz und Begabung folgt, „dann führt wachsende Leistungsgerechtigkeit zwingend dazu, dass sich die Talente und damit auch das Potenzial für Führungsnachwuchs am oberen Ende der Gesellschaft konzentrieren“ (Sarrazin 2012: 228). Dieses von Sarrazin beschriebene Szenario erinnert sehr deutlich an die oben dargestellten volksbiologischen Argumentationen. Ersichtlich wird dabei auch, in welcher Denktradition diese Überlegungen stehen.

1.4 Arbeitsfragen

1. Wenn wir der Logik des Bildes „Eliteförderung“ folgen – wie wäre dann die aktuell bestehende soziale Ungleichheit im Bildungssystem Deutschlands zu erklären?
2. Was müsste am deutschen Schulsystem geändert werden, damit dieses der Vorstellung von Platon entspricht?
3. Welche Antwort würde aus Sicht des Bildes „Eliteförderung“ auf die Aussage gegeben werden, dass „jeder seines Glücks Schmied“ sei?
4. Was würden Vertreter der oben dargestellten Begabungstheorien auf den Vorwurf der sozialen Selektivität des deutschen Schulsystems antworten?
5. An welcher Stelle unterscheidet sich die Konzeption Platons von den volksbiologischen Begabungstheorien?

Platon: Der Staat

Platon (2000, zuerst 376 v. Chr.): Der Staat. Politeia. Herausgegeben von Thomas A. Szlezak. Düsseldorf/Zürich: Artemis und Winkler.

Im Folgenden handelt es sich um Textauszüge aus dem dritten, vierten und siebten Buch der „Politeia". Diese sind jeweils in Form eines fiktiven Gesprächs zwischen Sokrates und den beiden Brüdern Glaukon und Adeimantos verfasst.

Drittes Buch

Sokrates: [...] So will ich's denn erzählen. Und doch weiß ich nicht, woher ich den Mut nehme und mit welchen Worten ich mich ausdrücken soll, um zu versuchen, zuerst die Regenten selbst und die Krieger und dann auch das übrige Volk glauben zu machen, daß ihnen diese ganze Bildung und Erziehung, die wir ihnen angedeihen ließen, offenbar nur wie ein Traum geschehen und widerfahren ist. In Wirklichkeit aber hätten sie sich damals unter der Erde befunden und seien dort gestaltet und gebildet worden, sie selbst und auch ihre Waffen und ihre ganze übrige Ausrüstung. Als sie aber fertig geformt waren, habe sie ihre Mutter, die Erde, emporgesandt, und nun müßten sie dem Lande, wo sie wohnen, als ihrer Mutter und Ernährerin mit ihrem Rat beistehen und es schützen, wenn es angegriffen wird; und den anderen Bürgern gegenüber sollten sie wie Brüder und wie Kinder der gleichen Erde gesinnt sein.

„Mit gutem Grund", sagte er, „hast du dich so lange gescheut, diese Lüge vorzubringen."

Mit sehr gutem Grund, gab ich zu. Höre aber doch noch den Schluß der Geschichte. Ihr alle, die ihr in der Stadt lebt, seid nun also Brüder – so werden wir als Mythenerzähler zu ihnen sagen: doch als der Gott euch formte, hat er denen, die zum Regieren fähig sind, bei ihrer Erschaffung Gold beigemischt, und das macht sie besonders wertvoll, allen Gehilfen aber Silber, und den Bauern und sonstigen Handarbeitern Eisen und Erze. Weil ihr nun alle miteinander verwandt seid, werdet ihr in der Regel Kinder zeugen, die euch selber ähnlich sind, doch kommt es auch vor, daß aus Gold ein silberner Nachkomme oder aus Silber ein goldener hervorgeht, und so wechselweise aus allen übrigen Metallen. Den Regenten gebietet nun der Gott zuerst und vor allem, über nichts anderes so gut zu wachen wie über ihre Kinder und sorgfältig darauf zu achten, was für eines von diesen Metallen ihren Seelen beigemischt ist. Und wenn einer von ihren Nachkommen Erz oder Eisen in sich hat, dann sollen sie keinerlei Bedauern mit ihm haben, sondern ihm den Stand zuweisen, den er seiner Natur nach verdient, und ihn zu den Handwerkern oder Bauern verstoßen; wächst aber umgekehrt unter diesen einer auf, der Gold oder Silber aufweist, dann sollen sie ihn ehren und in den Stand der Wächter oder in den der Gehilfen emporheben; soll es doch einen Götterspruch geben, daß die Stadt dann zugrunde gehen müsse, wenn ein eiserner oder eherner Wächter über ihr wache. Kannst du nun auf irgendeine Art bewirken, daß die Leute an diesen Mythos glauben?

„Auf keine Art“, erwiderte er, „wenigstens nicht diese Generation da; doch vielleicht deren Söhne und Enkel und die Menschen späterer Zeiten.“

Auch das wäre schon gut, sagte ich. Sie würden dann zur Stadt und zueinander besser Sorge tragen.

Viertes Buch

Wenn wir nun aber entscheiden müßten, fuhr ich fort, welche von diesen Eigenschaften durch ihr Vorhandensein unsere Stadt vor allem gut machen wird, dann wäre wohl schwer zu sagen, ob es die Einmütigkeit der Regenten und der Regierten ist, oder daß die gesetzmäßige Auffassung darüber, was gefährlich ist und was nicht, im Kriegerstande erhalten bleibt, oder die Klugheit und Wachsamkeit der Regenten, oder ob sie nicht in erster Linie jene Eigenschaft gut macht, wenn sie sich im Kinde und im Weibe findet, im Sklaven und im Freien und im Handwerker, im Regenten und im Regierten: daß nämlich ein jeder, weil er eine Einheit ist, nur das Seine tut und nicht vielerlei Dinge treibt.

„Das ist freilich schwer zu entscheiden“, erwiderte er.

Die Fähigkeit, daß ein jeder das Seine tut, wetteifert also offenbar mit der Weisheit, der Besonnenheit und der Tapferkeit darin, die Stadt vollkommen zu machen.

„Ganz gewiß“, erwiderte er.

So ist es also die Gerechtigkeit, von der du sagst, daß sie mit diesen in der Vervollkommnung des Staates wetteifert?

„Allerdings.“

So erwäge denn auch auf folgende Weise, ob du einverstanden bist: du wirst doch den Regenten in der Stadt die Rechtsprechung übertragen?

„Selbstverständlich.“

Werden sie aber als Richter auf irgend etwas anderes abzielen, als daß sich niemand fremdes Eigentum aneignet und daß ihm das eigene nicht genommen wird?

„Nein, nur darauf.“

Weil das gerecht ist?

„Ja.“

Auch so würde man also zugeben, daß das Gerechtigkeit ist, wenn man das Eigene besitzt und das Seine tut.

„So ist es.“

Sieh nun, ob du auch im folgenden derselben Ansicht bist wie ich: Wenn ein Zimmermann die Arbeit eines Schusters verrichten wollte oder der Schuster die des Zimmermanns, oder wenn sie gegenseitig ihre Werkzeuge oder ihre Stellung vertauschten, oder wenn ein und derselbe beide Berufe ausüben wollte, und wenn man so auch alle anderen Berufe vertauschte – glaubst du, daß dies in der Stadt großen Schaden anrichten wird?

„Nicht gerade“, sagte er.

Wenn aber jemand seiner Veranlagung nach ein Handwerker ist oder sonst ein Geschäftsmann, jedoch durch seinen Reichtum oder durch Verbindungen oder Körperkraft oder durch ähnliche Vorzüge hochmütig gemacht wird und danach strebt, in den Kriegerstand einzutreten, oder wenn ein Krieger in den Stand des Ratgebers und Wächters aufsteigen möchte, ohne dazu befugt zu sein, und wenn dann diese ihre Werkzeuge und ihre Stellung miteinander vertauschten, oder wenn ein und derselbe versuchte, das alles gleichzeitig zu verrichten, dann, glaube ich, bist auch du der Meinung, daß das Vertauschen und die Vielgeschäftigkeit dieser Leute das Verderben der Stadt bedeuten.

„Allerdings.“

Die Vielgeschäftigkeit und das Vertauschen dieser drei Stände wird also für die Stadt der größte Schaden sein, und man könnte sie wohl mit vollem Recht ein Hauptverbrechen nennen.

„Ganz gewiß.“

Das größte Verbrechen an der eigenen Stadt wirst du aber doch als Ungerechtigkeit bezeichnen.

„Ohne Zweifel.“

Das also ist die Ungerechtigkeit. Umgekehrt aber wollen wir so sagen: wenn der Stand des Geschäftsmannes, des Gehilfen und des Wächters das Seine tut und jeder von ihnen seine Aufgabe in der Stadt erfüllt, so wäre das das Gegenteil davon; das wäre Gerechtigkeit und würde die Stadt gerecht machen.

„Genau so verhält es sich, nach meiner Meinung“, erwiderte er.

Siebtes Buch

Es bleibt dir also noch die Entscheidung übrig, fuhr ich fort, wem wir diese Lehrfächer vermitteln wollen und auf welche Weise.

„Offenbar", sagte er.

Du weißt doch noch, wen wir bei unserer ersten Auswahl als Regenten ausgesucht haben?

„Ja, natürlich", sagte er.

Im übrigen warst du der Meinung, fuhr ich fort, daß wir eben jene Naturen aussuchen müssen: die zuverlässigsten und tapfersten sollen den Vorzug haben, und nach Möglichkeit auch die schönsten. Außer diesen müssen wir aber nicht nur nach den edlen und sittenstrengen suchen, sondern sie sollen auch die natürlichen Anlagen haben, die sich für eine solche Erziehung eignen.

„Welche bezeichnest du als solche?"

Eine scharfe Auffassungsgabe für wissenschaftliche Gegenstände, mein sehr Verehrter, sagte ich, muß ihnen eigen sein, und Leichtigkeit im Lernen. Denn viel eher erlahmt die Seele bei Schwierigkeiten im Lernen als bei Leibesübungen. Denn diese Anstrengung geht sie näher an, sie trägt sie ganz allein und nicht gemeinsam mit dem Leibe.

„Richtig", sagte er.

Auch auf gutes Gedächtnis, auf Ausdauer und auf allseitigen Arbeitseifer müssen wir sehen. Oder wie meinst du, daß sonst jemand bereit sein wird, die körperlichen Anstrengungen zu ertragen und dazu noch einen solchen Lehrgang und ein solches Studium zu bewältigen?

„Keiner wird das", sagte er, „wenn er nicht in jeder Hinsicht wohlbegabt ist."

Der heutige Fehler, fuhr ich fort – und dadurch ist auch die Philosophie in Verruf gekommen –, besteht, wie ich vorher schon gesagt habe, darin, daß man sich auf unwürdige Art mit ihr befaßt. Nicht Bastarde sollten sich mit ihr befassen, sondern nur Echtbürtige.

„Wie meinst du das?" fragte er,

Wer sich mit ihr befassen will, sagte ich, darf erstens in seiner Arbeitslust nicht hinken und zur Hälfte arbeitsfreudig, zur anderen Hälfte arbeitsscheu sein. Das ist aber der Fall, wenn jemand an den gymnastischen Übungen und an der Jagd Freude hat und gerne alle körperlichen Anstrengungen auf sich nimmt, dagegen nicht gerne lernt und nicht gerne zuhört und nicht gerne forscht, sondern in all diesen Dingen die Mühe scheut. Es hinkt aber auch der, dessen Arbeitslust auf die entgegengesetzte Art einseitig ist.

„Du hast vollkommen recht", erwiderte er.

Und auch in bezug auf die Wahrheit, fuhr ich fort, werden wir doch ebenso eine Seele für gebrechlich halten, die zwar die absichtliche Täuschung verabscheut und nicht bei sich duldet und sich auch heftig entrüstet, wenn andere lügen, die unabsichtliche dagegen ruhig erträgt und sich nicht entrüstet, wenn sie von einer Unwissenheit betroffen wird, sondern sich vergnügt wie ein Schwein in ihrer Unwissenheit herumwälzt.

„Ja, freilich", sagte er.

Und auch in bezug auf Besonnenheit und Tapferkeit und Großzügigkeit, fuhr ich fort, und auf alle Teile der Tüchtigkeit muß man sehr genau darauf achten, ob man es mit einem Bastard oder einem Echtbürtigen zu tun hat. Denn wer das nicht in jeder Hinsicht zu durchschauen weiß, sei es ein Einzelner oder eine Stadt, der verläßt sich, ohne es zu wissen, auf Hinkende und Bastarde, je nachdem, wozu er sie gebraucht: der Einzelne als Freunde, die Stadt als Regenten.

„Ja, gerade so ist es", sagte er.

Wir müssen uns also vor alledem hüten. Denn wenn wir leiblich und geistig wohlgestaltete Männer zu so großen Unterweisungen und Übungen zulassen und sie darin ausbilden, dann wird die Gerechtigkeit selbst uns nicht tadeln; die Stadt und die Verfassung aber werden wir unversehrt erhalten. Führen wir aber Leute anderer Art zu diesem Studium, so erreichen wir von allem das Gegenteil und setzen die Philosophie noch mehr dem Gelächter aus.

Hartnacke: Geistige Begabung

Hartnacke, Wilhelm (1950): Geistige Begabung, Aufstieg und Sozialgefüge. Gegen eine Verstümmelung der Höheren Schule. Soest: Mocker & Jahn.

Man kann nicht oft genug sagen: Die geringen Aufstiegs- und Lebenserfolge des Durchschnitts der Arbeitersöhne im Vergleich zu den Söhnen aus der geistigen Sphäre sind nach allem nicht einem Niederhaltungswillen bei den herrschenden Klassen zuzuschreiben, vielmehr sind sie durch Vorgänge sozial-biologischer Siebung zustande gekommen, als Ergebnis einer im Durchschnitt geringeren Aufstiegseignung d e r Berufsgruppen, die nicht eine anspruchsvolle Leistungsauslese durchlaufen hatten. Es ist ja gar nicht anders zu denken, als daß die Teile des Volkes, die vor dem Berufseintritt geistig-theoretische Eignung nachgewiesen haben, auch in ihrem Nachwuchs eine durchschnittliche Überlegenheit an den Tag legen. Es ist der schlüssige Beweis geliefert bzw. vollendet worden, daß die soziale Staffelung nicht grundsätzlich das Ergebnis eines Unterdrückungswillens durch die „Herrschenden" ist, sondern daß das Sozialgefälle im wesentlichen ein Gefälle des Seltenheitsgrades der geistig-theoretischen Tüchtigkeit ist. Damit ist natürlich nichts gegen die Tatsache gesagt, daß es je und je Bestrebungen gegeben hat und gibt, sozial Schwächere auszunutzen und auszubeuten. Darum handelt es sich hier aber nicht, und das steht auf einem ganz anderen Blatt. Hier und heute handelt es sich darum, daß es, seitdem es eine Arbeitsteiligkeit gibt, also seit den Anfängen der Kultur, eine Gleichheit der Leistungsbewertung aller Tätigkeit nicht gegeben hat. Nirgends, auch nicht in der Sowjetunion, wird der Chauffeur des Staatsmanns so bezahlt wie der Staatsmann selbst, der Bühnenarbeiter wie der Heldentenor, der Krankenträger wie der Meister der Chirurgie, der Hilfsarbeiter wie der Ingenieur. Daß auch der Schwache und weniger Tüchtige ein Recht auf einen angemessenen Teil des Sozialproduktes hat, das ist schlechthin selbstverständlich. All dies wird von den dargelegten Befunden überhaupt nicht berührt. Aber sie sind geeignet, den Klassenkampf zu mildern und zu entgiften, indem sie auf natürliche Ursachen zurückführen, was an Spannungen fälschlich so gern auf Entrechtung von oben her zurückgeführt wird und darum entsprechende Grollhaltung aus der Perspektive der sich entrechtet Fühlenden verursacht. – Das soziale Gewissen soll durch den Nachweis der natürlichen Grundlage des sozialen Gefälles nicht im geringsten entlastet oder geschwächt werden. Lassen wir doch zur weiteren Klärung der Frage der Sozialsiebung noch folgende Überlegungen wirken:

Im Gesamtvolk ist jeder

> zwanzigste bis fünfundzwanzigste des Jahrgangs Hilfsschüler, jeder dreizehnte ist hilfsschulbedürftig, ohne immer in eine Hilfsschule zu gelangen,
>
> jeder 4. bis 3. (stellenweise jeder 2.) gelangt nicht bis ans Volksschulziel, weil er vorher einmal oder öfter sitzenbleibt.

Aus je hundert Jungen lassen sich so gut wie alle für einfachste Handlangerdienste verwenden.

Für Botengänge brauchbar sind nur solche, die lesen und schreiben können und nicht schwachsinnig sind.

Ein einfaches Handwerk vermag die große Mehrheit zu erlernen. Gute Feinmechaniker können vielleicht 10% des Jahrgangs werden. Zu anspruchsvolleren Aufgaben dieses Berufs eignen sich weit weniger. Für theoretisch-wissenschaftliche Bildung höheren Stils sind nur einige wenige von Tausend brauchbar, umso weniger, je höher die Ansprüche der Berufsausbildung und -wahrnehmung sind. Ganz hohe Forschergabe findet sich vielleicht unter Tausenden nur einmal, und Generationen vergehen, bis ein ganz Großer ersteht. Ragende geistige Häupter vom Range eines Goethe, eines Leibniz, sind geschichtlich einmalig. [...] Die Einzelqualitäten, die zum Bilde eines Goethe geführt haben, sind bis weit in seine Vorfahrenreihe hinauf in seiner weiblichen und männlichen Ahnenschaft klar nachweisbar. Aus Generationen von Schwachköpfen kann kein Genie wachsen. Daß der geistige Rahmen Naturerebe ist, darüber sollte man heute kein Wort mehr zu verlieren brauchen, das hat die Zwillingsforschung tausendfach gelehrt. Es ist erstaunlich, daß selbst in Redaktionen von angesehenen Zeitungen Männer sitzen, an denen die Ergebnisse der Begabtenforschung von Jahrzehnten wirkungslos vobeigerauscht sind. Oder sollten sie nur so tun, weil es nicht populär ist, etwas zu sagen, was der Masse und ihren Anwälten nicht behagt? Freilich, daß das Erleben, daß die Umwelt und Erziehung unterschiedliche Erfüllungsgrade herbeiführt, ist nicht zu bezweifeln. Die Begabtenforschung untersucht aber nicht Erfüllungsgrade, sondern ihre Voraussetzungen. Nie wird ein Hilfsschüler zum Forscher. Und wer sich zum Geistigen wirklich innerlich getrieben fühlt und echte Voraussetzungen im Selbstbewußtsein seines Wertes dazu mitbringt, setzt sich meist irgendwie durch. Was zum Adler geboren ist, bleibt nicht Hahn auf dem Hofe.

Die Einsicht in den grundlegenden biologischen Sachverhalt der Sozialsiebung und in die Bedeutung der Anlage für die Bildbarkeit und zum Aufstieg ist dazu bestimmt und dazu geeignet, man kann das nicht oft und nachdrücklich genug sagen, die soziale Atmosphäre zu entspannen und zu entgiften. Wenn nicht mehr mißgönnende Gesinnung als Ursache der Unterschiede und Spannungen angesprochen werden kann, sondern die Naturbedingtheit des geistigen Wachstums erkannt ist, dann ist der Weg zum sozialen Frieden gebahnt, aber auch nur dann.

[...]

Schluß mit der Ideologie von der gleichen Eignung aller und dem Anspruch, daß die sozialen Schichten ihrer Stärke nach am gehobenen Bildungswesen beteiligt sein müßten. Diese Forderung ist eine sozialbiologische Utopie und muß als unsachliche Forderung überall erkannt worden [sic!]. Wer sie weiter erhebt und vertritt, darf nicht mehr als ehrlicher Ideologe aus Irrtum gelten, sondern muß sich gefallen lassen, als bewußter Hetzer angesprochen zu werden.

Schluß mit den Neidgefühlen gegenüber der Höheren Schule. Wer sie ernst nimmt, und wir müssen wieder dahin kommen, daß jeder, der sie besuchen darf, das tut, übernimmt mit seinem geistigen Pfunde P f l i c h t u n d e r n s t e V e r a n t w o r t u n g.

2. Gleichheit in der Ungleichheit: Gleichwertige Akzeptanz in der gesellschaftlichen Differenzierung

Bei diesem Bild wird davon ausgegangen, dass Ungleichheit in der Gesellschaft entweder gottgegeben oder aber in der säkularisierten Variante als ohnehin nicht wirklich veränderbar angesehen wird. Ungleichheit ist damit ein Grundmerkmal einer jeden Gesellschaft und wird sich auch wieder neu herstellen, wenn beispielsweise über Revolutionen versucht wird, sie zu verändern.

Der Wert der Bildung wird nicht an der Stellung in der Gesellschaft oder ökonomischem Einkommen gemessen, sondern am Maßstab der moralischen Qualität, der inneren Werte und der allgemeinen Lebenszufriedenheit. Diese sind möglicherweise in den unteren Sozialschichten sogar häufiger zu finden als in den oberen Sozialschichten, sodass ein Aufstieg (durch Bildung) nicht unbedingt erstrebenswert ist. Bildung hat daher nicht primär die Funktion, gesellschaftlichen Aufstieg zu vollziehen, wiewohl das im Ausnahmefall durchaus passieren kann. Es ist aber keinesfalls das primäre Ziel von Bildung, einen gesellschaftlichen Aufstieg zu vollziehen. Dies nicht zuletzt deshalb, da in diesem Bild die Situation von denen, die ‚oben' sind, nicht unbedingt besser ist als die von denen, die ‚unten' sind. Die verschiedenen Positionen in der Gesellschaft unterscheiden sich zwar, werden aber prinzipiell als gleichwertig angesehen. Entsprechend ist auch die Bildung für die verschiedenen Sozialschichten gestaltet. Ungleichheit der Gesellschaft wird in diesem Bild erst dann zum Problem, wenn denen, die ‚unten' sind, kein menschenwürdiges Dasein möglich ist. Hier wird auch Bildung relevant, wenn es möglich ist, über diese die Lebenssituation zu verbessern.

Dieses Bild ist im pädagogischen Denken über viele Jahrhunderte weit verbreitet. Die verschiedenen Autor*innen gehen jedoch unterschiedlich weit darin, inwieweit eine Bildung für alle konzipiert wird oder wie schichtspezifisch diese sein muss. Die Spannbreite bewegt sich hier zwischen den Ideen von Comenius, der den Fokus primär auf eine Bildung für alle legt, und den Ideen von beispielsweise Pestalozzi, der primär von einer unterschiedlichen Bildung innerhalb der Ständegesellschaft ausgeht.

2.1 Historische Beispiele

Als ein Vertreter dieses Bildes kann Johann Amos Comenius gelten.

Johann Amos Comenius (auch Jan Amos Komenský, 1592 bis 1670) wurde stark von den Gräueltaten und Wirren des Dreißigjährigen Kriegs (1618–1648) geprägt. Comenius wurde 1592 im südlichen Mähren geboren. Seine Familie war Teil der Böhmisch-Mährischen Brüderunität, einer christlichen Glaubensbewegung, die aus der protestantischen Kirche entstanden war (vgl. Stumpf 2007: 26). Später wurde er zum Pfarrer der Brüderunität ernannt. Mit Ausbruch des Krieges ab 1618 musste Comenius aus seiner Heimat fliehen und konnte nirgendwo lange verweilen. 1627 musste er aus Böhmen fliehen und ging nach Polen ins Exil (vgl. Stumpf 2007: 27). Dort war er als Lehrer tätig und setzte sich intensiv mit Fragen des Sprachunterrichts auseinander. Auch verfasste er Lehrbücher für den Schulbeginn und für Eltern. „Die Grundidee all seiner Lehrbücher ist religiös und folgt der Auffassung, dass Gott den Menschen an den ihm zugedachten Platz gestellt hat, damit er als vernünftiges, rechtschaffenes und frommes Wesen am göttlichen Schöpfungsplan mitarbeite" (Stumpf 2007: 27). Comenius' protestantisches Denken, sein Glaube daran, dass Gott jedem Menschen einen Platz im Leben zugedacht habe, aber auch der Wunsch, das gesamte Wissen seiner Zeit in einer Pansophie zu erfassen, sind charakteristisch für seine Arbeit. Zugleich waren Krieg, religiöse Auseinandersetzungen und Vertreibung prägend für Comenius. Etwa ein Jahrzehnt nach dem Dreißigjährigen Krieg erschien seine Große Didaktik („didactica magna"), welche nachhaltigen Einfluss auf das pädagogische Denken in Europa hatte und Comenius den „Ruf eines ‚Begründers' des modernen Schulsystems" (Schadel 2009: 75) einbrachte. Erziehung war für ihn ein Mittel zur Rettung der Menschheit angesichts ihres durch Adam und Eva herbeigeführten Sündenfalls (vgl. Prange 2008: 114). Zugleich sind seine Gedanken und Ideen das Produkt einer Zeit großer Umbrüche und religiöser Auseinandersetzungen. Seine Vorstellungen von einer klaren Ordnung der Welt und die Einteilung der Gesellschaft in Stände entsprechen dem damaligen Zeitgeist. Jedoch war Comenius mit seinen Ansichten und insbesondere dem Ziel einer umfassenden Bildung der Bevölkerung seiner Zeit weit voraus. Es dauerte noch Jahrhunderte, bis die von ihm bereits geforderte Bildung von Mädchen und von Menschen mit Behinderung pädagogisch gedacht und in die Praxis umgesetzt wurde.

Comenius berühmter Ausspruch „omnes-omnia-omnino" („alle, alles, allseitig-gründlich lehren") beschreibt einen Gleichheitsgedanken im Bildungssystem. Diese Gleichheit des Menschen resultiert bei Comenius aus der Gleichheit vor Gott. Da alle Menschen das „Ebenbild Gottes" (Comenius 1921: 8) sind, wird daraus die Notwendigkeit der Bildung eines jeden Menschen abgeleitet. Jeder Mensch bedarf der Bildung, um Mensch zu werden, denn „er kann kein Mensch werden, wenn er nicht gebildet wird" (Comenius 1921: 11). Einem Menschen Bildung zu versagen richtet sich somit „gegen Gott selbst" (Comenius 1921: 17).

Betrachtet man jedoch die Position Comenius genauer, wird diese allgemeine Menschenbildung eingeschränkt, denn Comenius geht davon aus, dass Menschen in eine gottgegebene Ordnung hineingeboren werden. Deshalb ist durch Gott vorbestimmt, wozu jeder Mensch geeignet ist. Die Ständegesellschaft wird als gottgegeben betrachtet. Die Oberen, d. h. „diejenigen, die einst andere leiten sollen, wie Könige, Fürsten, Hirten der Kirche und Gelehrte", müssen gebildet werden, damit sie zu einer weisen Herrschaft in der Lage sind, und die „Untergebenen" bedürfen der Bildung, „damit sie den weisen Anordnungen der Oberen klug zu gehorchen wissen, nicht gezwungen, mit dem Gehorsam eines Esels, sondern freiwillig, aus Liebe zur Ordnung" (Comenius 1921: 12). Dies beinhaltet allerdings auch, dass Obere und Untere unterschiedliche Lerninhalte haben, allerdings nicht in einer Wertigkeit von besser oder schlechter, sondern beide Formen der Bildung entsprechen der Position der jeweiligen sozialen Schicht. Jede Schicht ist gleich wertvoll, da auch jeder Mensch vor Gott gleich ist.

Bildung hat in diesem Sinne zwei Funktionen: Zum einen geht es Comenius um einen Bildungsprozess im engeren Sinne, d. h. die Möglichkeit des Menschen, sich zum Ebenbild Gottes emporzuentwickeln. Zum anderen dient sie dazu, die gottgegebene Ordnung zu stabilisieren und dem Armen das Erleiden des irdischen Daseins zu erleichtern. Mit seiner Forderung nach Bildung für alle geht es ihm an keiner Stelle um die Reduzierung von Ungleichheit, da diese prinzipiell gottgegeben ist und damit kein Problem darstellt. Das Erdenleben ist ohnehin nur eine kurze Durchgangsstation auf dem Weg zum eigentlich entscheidenden Himmelreich.

Allenfalls geht es ihm darum, besonders Begabte aus dem Volke auch besonders zu fördern, ohne dass jedoch damit die prinzipielle Ordnung in Frage gestellt würde. Die Notwendigkeit der besonderen Förderung ergibt sich hier daraus, dass „der scharfsinnigste Geist, wenn er nicht mit nützlichen Dingen beschäftigt wird, sich mit unnützen, seltsamen und schädlichen Dingen beschäftigen wird" (Comenius 1921: 11). Im Unterschied beispielsweise zu Platon fokussiert er nicht auf eine Eliteförderung der Ausnahmetalente, sondern diese Förderung erfolgt nur notgedrungen, um negative Folgen zu vermeiden. Der Hauptfokus liegt auf der Gleichheit der Menschen und einer allgemeinen gleichwertigen Bildung innerhalb der bestehenden Ständegesellschaft.

Geradezu revolutionär für die damalige Zeit konzipiert er diese gleichwertige Bildung auch für Frauen und für Menschen mit Behinderung. Nach Comenius sind auch „schwach- und stumpfsinnige Kinder“ (Comenius 1921: 17) bis zu einem gewissen Grade bildsam; lediglich bei denen, denen „Gott den Verstand versagte“ (Comenius 1921: 21) wird auch für Comenius eine Grenze der Bildsamkeit erreicht. Er propagiert eine Schule für alle, in der „Langsamere mit Schnelleren, Stumpfsinnigere mit Scharfsinnigeren, Halsstarrige mit Folgsamen gemischt werden“ (Comenius 1921: 24).

Nichtsdestotrotz ist bei genauer Betrachtung diese „Schule für alle“ eine ständisch gegliederte. Schlussfolgerung aus der Konzeption Comenius ist eine sehr gute Volksbildung für alle, wobei diese keinen sozialen Aufstieg zum Ziel hat. Volksbildung ist notwendig, damit das Volk das Wort Gottes lesen und verstehen kann und voller Einsicht die göttliche Ordnung akzeptiert.

Während bei Comenius aufgrund seiner grundsätzlichen Orientierung an einer „Bildung für alle“ das Standesdenken erst auf den zweiten Blick deutlich wird, bildet es bei Johann Heinrich Pestalozzi (1746–1827), der ebenfalls diesem Bild zugeordnet werden kann, den zentralen Ausgangspunkt seines Denkens.

Johann Heinrich Pestalozzi (1746–1827) wurde in Zürich geboren und gilt als einer der einflussreichsten Schweizer Pädagogen. Durch längere Aufenthalte bei einem Onkel, der als Dorfpfarrer tätig war, lernte er bereits in seiner Kindheit die Not der Landbevölkerung kennen. Nach dem Besuch des Gymnasiums und einem Theologiestudium in Zürich entschloss er sich Landwirt zu werden. Als solcher war er wenig erfolgreich, sodass er pädagogisch tätig wurde, indem er Erziehungsanstalten im ländlichen Raum für arme Kinder (Neuhof) oder für Kriegswaisen (Stans) gründete und leitete. Später widmete er sich stärker der Schule und der Unterrichtsproblematik und gründete dafür Einrichtungen (Burgdorf, Münchenbuchsee, Iferten). Das Lehrerseminar in Iferten entwickelte sich zu „einem pädagogischen Zentrum Europas“ (Stumpf 2007: 61). Neben seiner pädagogischen Arbeit war Pestalozzi auch schriftstellerisch tätig. Seine bekanntesten Romane sind „Lienhard und Gertrud“ (1781–1787) sowie „Wie Gertrud ihre Kinder lehrt“ (1801). Durch den volksnahen Duktus dieser Bücher verbreiteten sich seine pädagogischen Gedanken in weite Kreise der Bevölkerung. Bei Pestalozzi handelt es sich um eine ausgesprochen produktive Persönlichkeit, deren Positionen sich im Laufe des Lebens auch veränderten und modifizierten, sodass sich in seinem Werk zu vielen seiner Positionen – auch hinsichtlich der Bedeutung sozialer Ungleichheit – auch Gegenpositionen finden lassen. Unser eingangs erwähnter Hinweis darauf, dass wir mit unseren Darstellungen keine Aussage über das Wirken der Persönlichkeit selbst treffen, sondern nur exemplarisch am Beispiel einzelner Texte ein Bild deutlich machen wollen, gilt für Pestalozzi im Besonderen.

Pestalozzi war in seiner Jugend für gesellschaftliche Veränderungen aufgeschlossen und äußert sich auch später noch durchaus kritisch zu den gesellschaftlichen Verhältnissen der Zeit.

> Soweit als ich ihn [den Schulunterricht] kannte, kam er mir wie ein großes Haus vor, dessen oberstes Stockwerk zwar in hoher vollendeter Kunst strahlt, aber nur von wenigen Menschen bewohnt ist; in dem mittleren wohnen denn schon mehrere, aber es mangelt ihnen an Treppen, auf denen sie auf eine menschliche Weise in das obere hinaufsteigen könnten; und wenn sie Gelüste zeigen, etwas tierisch in dasselbe hinaufzuklettern, so schlägt man ihnen einen Arm oder ein Bein, das sie dazu brauchen konnten, provisorisch entzwei; im dritten wohnt eine zahllose Menschenherde, die für Sonnenschein und gesunde Luft vollends mit den oberen das gleiche Recht haben, aber sie wird nicht nur im ekelhaften Dunkel fensterloser Löcher sich selbst überlassen, sondern man bohrt in demselben noch denen, die auch nur den Kopf aufzuheben wagen, um zu dem Glanz des obersten Stockwerks hinaufzugucken, noch gewaltsam die Augen aus (Pestalozzi/PSW 13 1932: 242).

Nicht zuletzt aufgrund der negativen Folgen, die die Französische Revolution für die Schweiz hatte, sah er aber in der „gewaltsamen Lösung der sozialen Probleme" (März 2000: 431) keinen Weg (vgl. Rang 1967: 101–111). Pestalozzi setzt deshalb darauf, eine Verbesserung der Gesellschaft über Erziehung zu bewirken (vgl. Rang 1967: 109; März 2000: 432).

Pestalozzi konzentriert sich in seinem pädagogischen Denken auf die „Erziehung der Armen". In seiner Schrift „Ansichten, Erfahrungen und Mittel zur Beförderung einer der Menschennatur angemessenen Erziehungsweise" (Pestalozzi/PSW 19 1956/1806) konzipiert er eine innere und eine äußere Armut. Unter der inneren Armut versteht Pestalozzi die fehlende bzw. unvollkommene sittlich-religiöse Bildung der Menschen. Äußere Armut bezieht sich auf ökonomisch bedingte Schichtunterschiede. Arme sind im Denken Pestalozzis zwar äußerlich arm, jedoch innerlich reich bzw. haben sie die potenzielle Möglichkeit, diesen inneren Reichtum z. B. über Bildung zu erwerben. Äußerlich Reiche sind nach Einschätzung Pestalozzis innerlich oft arm und Reichtum ist auch nicht unbedingt förderlich für eine gute Erziehungsweise. Die Armut hat für ihn einen wesentlich höheren Wert für die Entwicklung der Menschen, denn

> so beschränkt die Mittel der Bildung des Armen auch sind, so groß und so wesentlich ist ihr innerer Wert. Not lehrt beten, öffnet alle Sinne, treibt alle Glieder, und, was über alles geht, sie rührt das Herz und belebt mit Macht die edelsten Gefühle unserer Natur (Pestalozzi/PSW 19 1956: 161).

Was Pestalozzi hier vornimmt, ist eine Idealisierung von Armut und des damit verbundenen Bildungspotenzials. Vor diesem Hintergrund ist auch sein berühmtes Zitat zu verstehen: „Der Arme muss zur Armut auferzogen werden" (Pestalozzi/PSW 1 1927: 143). ‚Nach oben zu kommen' ist damit überhaupt kein anzustrebendes Ziel. An dieser Stelle wird Pestalozzi oft unterstellt, es ginge ihm nur darum, die Armen mit ihrem Zustand zu versöhnen, damit sie sich mit ihrem Los abfinden und ihr Schicksal geduldig ertragen (vgl. kritisch Prange 2008: 189; März 2000: 432). Wie Prange (2008: 189f.) herausarbeitet, greift eine solche Interpretation jedoch zu kurz, denn Pestalozzi geht es primär darum,

> sie mit den Fertigkeiten auszustatten, die sie in ihrer bedrängten Lage brauchen. Alle Erziehung muss ansetzen bei den Bedürfnissen, die die Menschen faktisch haben. Das Fundament der Erziehung ist die Bedürfnislage, sind die tatsächlichen Verhältnisse, nicht ein Ideal, das man ihnen auf- und gegenüberstellt. […] Nur dann können die Kinder die Armut bestehen und überwinden.

Letztlich war die Überwindung der Standesgrenzen auch nicht das zentrale Thema Pestalozzis – wohl auch deshalb, weil er sie als kaum überwindbar erlebte, sodass sich seine Erziehungskonzeption auf die Erziehung innerhalb eines Standes – eben der Landbevölkerung – konzentrierte. Bildungsbemühungen sind hier darauf gerichtet, mit sich selbst (und mit Gott) im Reinen zu sein. Eine individuelle Förderung durch Bildung findet innerhalb eines Standes statt und wird durch dessen realistische Lebensmöglichkeiten begrenzt. Innerhalb dieses Standes ist es allerdings wichtig, dass den Armen ein menschengerechtes Leben ermöglicht wird. An dieser Stelle sieht Pestalozzi auch das Problem, dass die Oberen wenig Interesse daran haben für die Armen zu sorgen, sodass er letztlich einen Ansatz begründet, den wir im heutigen Deutsch als ‚Hilfe zur Selbsthilfe' bezeichnen würden. So sagt er etwa, es gehe darum, „dem Armen Wege zu weisen, sich selbst zu helfen – es hilft ihm sonst niemand" (Pestalozzi/PSW 26 1957: 21).

Bei beiden Denkern dieses Bildes ist zentral, dass die unteren Schichten gute Lebensverhältnisse haben und ein moralisch gutes Leben führen. Bei Comenius ist dies ein gutes Leben vor Gott und bei Pestalozzi primär ein insgesamt moralisch gutes Leben. Finanzieller Reichtum ist hier eher unerheblich, bei Pestalozzi sogar hinderlich. Auch wenn somit verschiedene Stände eine unterschiedliche Bildung erhalten, ist diese doch gleichwertig. Den unteren Schichten gebührt damit die gleiche Achtung wie den oberen Schichten.

2.2 Pädagogische und bildungspolitische Konsequenzen

Wenn man diesen Gedanken folgt, haben alle sozialen Schichten und Begabungen gleichermaßen das Recht auf eine gute, umfassende Bildung. Diese Bildung kann und sollte allerdings für verschiedene soziale Schichten nicht gleich sein. Mit der Unterschiedlichkeit der Bildung ist jedoch keine Hierarchie beschrieben, sondern alle Arten der Bildung sind grundsätzlich gleichwertig. Im Unterschied zum Bild „Eliteförderung" geht es hier nicht darum, nur eine kleine, besonders begabte oder in der Gesellschaft obenstehende Schicht besonders gut zu fördern, sondern alle Menschen müssen gleichermaßen gut, wenn auch unterschiedlich, gebildet werden.

Denkt man diesen Gedanken konsequent zu Ende, bedeutet das, dass in alle Bildungsinstitutionen gleichermaßen investiert werden muss. Übertragen auf die heutige Zeit würde dies bedeuten, dass alle Schulformen – egal ob Grund-, Haupt-, Realschule oder Gymnasium – gleichermaßen finanziell ausgestattet und die Lehrenden gleich gut ausgebildet sein müssen, um eine hohe Qualität des Unterrichts zu gewährleisten. Unabhängig vom Schultyp oder von der unterrichteten Altersgruppe müssten die Lehrenden ein identisches Gehalt bekommen, denn die vermittelten Inhalte sind zwar verschieden, aber gleichwertig. Grundschullehrkräfte und Erzieher*innen müssten somit identisch entlohnt werden wie beispielsweise Gymnasiallehrkräfte und Professor*innen. Auch dürfte es keine Unterschiede zwischen einer Berufsausbildung und einem Studium geben: beides ist gleich viel wert und in beides muss gleichermaßen investiert werden.

Bildungspolitische Maßnahmen zum Abbau sozialer Ungleichheit sind in diesem Bild irrelevant. Das führt in der Konsequenz dazu, dass nicht unbedingt alle Menschen entsprechend ihren individuellen Neigungen und Talente gefördert werden können. Ein Auf- oder Abstieg aus der eigenen sozialen Schicht ist eine Ausnahme – auf jeden Fall zielt die Pädagogik nicht darauf ab. Letztlich ist diese Frage aber auch nebensächlich, da der Hauptfokus in diesem Bild darauf liegt, alle Menschen entsprechend ihres natürlichen oder gesellschaftlich bedingten Herkunftsmilieus zu fördern. Das Wesentliche für Bildung ist in diesem Bild das Schaffen unterschiedlicher Bildungsangebote für unterschiedliche soziale Gruppen. Es geht also darum, ihnen spezifisch zugeschnittene Bildungsangebote zur Verfügung zu stellen.

2.3 Aktuelle Beispiele

Der Gedanke der Gleichwertigkeit der Unterschiedlichkeit der Menschen ist auch in der Bibel benannt und wird auch heute noch herangezogen zur Erklärung der Ungleichheit zwischen Menschen. Bezugspunkt ist der 1. Brief des Apostels Paulus an die Gemeinde in Korinth (Korintherbrief):

> Es sind mancherlei Gaben; aber es ist ein Geist [...] Einem wird gegeben durch den Geist zu reden von der Weisheit; dem andern wird gegeben zu reden von der Erkenntnis nach demselbigen Geist; einem anderen der Glaube in demselbigen Geist; einem andern die Gabe gesund zu machen in demselbigen Geist; einem andern Wunder zu tun; einem andern Weissagungen; einem andern Geister zu unterscheiden; einem andern mancherlei Sprachen; einem andern die Sprachen auszulegen. Dies alles wirket derselbige einige Geist, und teilet einem jeglichen seins zu (1. Kor. 12,4-11).

Deutlich wird in diesem Bibelzitat die Annahme einer (gottgegebenen) Verschiedenheit der Menschen. Jeder Mensch verfügt über unterschiedliche Gaben. Da jede dieser Gaben von Gott gegeben ist, ist jede dieser Gaben auch wertvoll. In dieser Tatsache, dass die Unterschiedlichkeit der Menschen doch Ausdruck eines alle verbindenden gemeinsamen Geistes ist, begründet sich auch die Gleichwertigkeit der verschiedenen Gaben der Menschen. Es geht in diesem Denken nicht darum, die Unterschiedlichkeit der Menschen irgendwie zu verändern, sondern sie zu erkennen – sicherlich auch entsprechend zu fördern – und allen Gaben gleichermaßen mit Respekt zu begegnen.

Auf dieses Denken wird beispielsweise auch in einer aktuellen Schrift der Evangelischen Kirche Bezug genommen. So heißt es in der „Denkschrift des

Rates der EKD zur Armut in Deutschland" mit Bezug auf den oben genannten Korintherbrief:

> Unterschiedliche Begabungen (die jedem Einzelnen durch den Geist verliehenen ‚Charismen') befähigen Menschen, die ihnen in ihrer Lebenssituation gestellten Aufgaben zu erfüllen. [...] Eine gerechte Gesellschaft muss so gestaltet sein, dass möglichst viele Menschen tatsächlich in der Lage sind, ihre jeweiligen Begabungen sowohl zu erkennen, als auch sie auszubilden und schließlich produktiv für sich selbst und andere einsetzen zu können (EKD 2006: 11).

Die Verschiedenheit von Menschen wird in dieser Position als gesetzt (gottgegeben) betrachtet. Die Aufgabe der Gesellschaft – und damit auch des Bildungssystems – besteht darin, den Menschen dabei zu helfen, selbst zu erkennen, welche Begabungen jeweils angelegt sind. Die Verschiedenheit von Menschen ist somit nicht sozial hergestellt. D. h., es wird nicht davon ausgegangen, dass Menschen beispielsweise deshalb musisch begabt sind, weil sie in einem Elternhaus aufwachsen, in dem (vom Mutterleib an) Musik eine zentrale Rolle spielt. Die musische Begabung ist vielmehr „gottgegeben", d. h. unabhängig vom sozialen Umfeld vorhanden. Das Umfeld hat dann lediglich die Aufgabe, diese Begabungen zu erkennen und zu fördern. Ungleichheit von Menschen wird somit nicht als ein grundsätzliches Problem betrachtet: „Aus sozialethischer Sicht besteht das zentrale Problem nicht in der Ungleichheit zwischen Menschen als solcher" (EKD 2006: 18). Daher ist es auch nicht die primäre Aufgabe der Gesellschaft, diese zu reduzieren oder gar abzuschaffen:

> Der dem christlichen Glauben innewohnende Realitätssinn bewahrt uns vor der Versuchung zu meinen, wir könnten mit menschlicher Kraft alle Armut im Sinne eines Ausschlusses aus der gesellschaftlichen Teilhabe endgültig aus der Welt schaffen. Aber gerade deshalb ist es eine Christenpflicht, alles zu tun, damit jeder und jede mit ihren und seinen Gaben und Fähigkeiten in der Gesellschaft Anerkennung findet und zur eigenen Versorgung sowie zum Wohl aller das ihm und ihr Mögliche beitragen kann (EKD 2006: 15).

Es liegt nicht in der Hand des Menschen, Ungleichheit abschaffen zu können, da diese letztlich gottgegeben ist. Es ist allerdings die Aufgabe des Menschen, der Gesellschaft und auch des Bildungssystems dafür zu sorgen, jedem Menschen ein menschenwürdiges Dasein zu ermöglichen – und genau an dieser Stelle wird in der hier zitierten Denkschrift auch die große Aufgabe der Kirche gesehen:

> Solange diese Unterschiede nur so gestaltet sind, dass die durch sie hervorgerufene Leistungsfähigkeit einer Gesellschaft auch den Schwächeren und Ärmsten zugute kommt, gibt es keinen Grund sie grundsätzlich in Frage zu stellen. Problematisch wird es jedoch, wenn sich in den ‚unteren' Bereichen der Gesellschaft ein Milieu herausbildet und stabilisiert, in dem Erfahrungen der gerechten Teilhabe gar nicht mehr gemacht werden, und wenn es Menschen gibt, die trotz aller gesellschaftlicher Bemühungen auch von materieller Armut betroffen sind (EKD 2006: 19).

Hier, so die Denkschrift weiter, „hat die gesamte Gesellschaft die Pflicht, ein menschenwürdiges Leben zu ermöglichen" (ebd.). In der bestehenden Ungleichheit von Menschen liegt also kein prinzipielles Problem. Menschen sind zwar verschieden, aber prinzipiell vollkommen gleichwertig. Diese Gleichheit in der Ungleichheit stellt den Status quo der Gesellschaft dar und entspricht auch dem Gedanken, dass Gott jeden Menschen einmalig und unverwechselbar geschaffen hat und die ‚Unteren' genauso wertvoll sind wie die ‚Oberen'. Aktives Handeln wird aber genau dann christliche Pflicht, wenn ‚den Unteren' die zentralen Lebensgrundlagen nicht zugestanden werden oder ihnen die notwendige Wertschätzung fehlt.

Die Position „Gleichheit in der Ungleichheit" lässt sich auch in weltlichen aktuellen Debatten finden, wie beispielsweise in der um Differenz und Gleichheit, wie sie in der Frauenbewegung geführt wird. Innerhalb der Frauenbewegung gibt es zwei unterschiedliche Ansätze, nämlich den der Gleichheit und den der Differenz (vgl. zur Übersicht Maihofer 1998). Der Gleichheitsansatz geht davon aus, dass Ungleichheiten nicht biologisch gegeben, sondern sozial hergestellt werden – entsprechend muss Bildung kompensatorisch tätig werden. Beispielsweise sollen durch einen „Girls' Day" Mädchen an naturwissenschaftlich-technische Fächer herangeführt werden, mit einem „Boys' Day" die Jungen an soziale Berufe. Ziel ist hier, die Geschlechterarrangements in der Gesellschaft zu verändern. Dieser Ansatz passt nicht zum Bild „Gleichheit in der Ungleichheit". Die Gegenposition der Differenz geht demgegenüber davon aus, dass Frauen und Männer durchaus unterschiedliche Neigungen und Fähigkeiten haben und Bildung demzufolge genau diese jeweils verschiedenen Kompetenzen fördern sollte. Dabei wird von der Gleichwertigkeit dieser verschiedenen Fähigkeiten ausgegangen. Damit sind allerdings in der Sprache Pestalozzis eher „innere" Werte gedacht, denn eine die Kinder zu Hause betreuende Mutter verfügt über deutlich weniger eigenes ökonomisches Kapital als ihr außerhäuslich als Manager tätiger Ehemann. Das ist für die Ehefrau aber kein Problem – da sie ihre (natürliche) Aufgabe gut erfüllt, ist sie innerlich reich. Dieser Ansatz entspricht dem hier beschriebenen Bild „Gleichheit in der Ungleichheit“. So ist dort ein Argumentationsstrang, dass die unterschiedliche Natur von Mann und Frau, aber auch unterschiedliche gesellschaftliche Rollen eine andere Erziehung erfordern bzw. nahelegen. Hier wird von einer Gleichwertigkeit verschiedener Bildungsinhalte ausgegangen, indem eben die Bildung für Frauen das leistet, was Frauen später entsprechend ihrer natürlichen Veranlagung oder gesellschaftlichen Rolle leisten sollen.

2.4 Arbeitsfragen

1. Wie unterscheidet Pestalozzi zwischen innerer und äußerer Armut?
2. Warum ist nach diesem Bild soziale Ungleichheit in der Gesellschaft kein Problem?
3. Aktuell studieren in Deutschland ca. 50 % eines Altersjahrganges an einer Hochschule. Nehmen Sie dazu Stellung aus der Logik dieses Bildes!
4. Welche aktuellen bildungspolitischen Forderungen ließen sich aus diesem Bild ableiten?

Comenius: Große Didaktik

Comenius, Johann A. (1960, zuerst 1657): Große Didaktik. Übersetzt und herausgegeben von Andreas Flitner. 2. Aufl. Düsseldorf und München: Verlag Helmut Küpfer.

GROSSE DIDAKTIK

DIE VOLLSTÄNDIGE KUNST, ALLE MENSCHEN ALLES ZU LEHREN

oder

Sichere und vorzügliche Art und Weise, in allen Gemeinden, Städten und Dörfern eines jeden christlichen Landes Schulen zu errichten, in denen die gesamte Jugend beiderlei Geschlechts ohne jede Ausnahme

RASCH ANGENEHM UND GRÜNDLICH

in den Wissenschaften gebildet, zu guten Sitten geführt, mit Frömmigkeit erfüllt und auf diese Weise in den Jugendjahren zu allem, was für dieses und das künftige Leben nötig ist, angeleitet werden kann; worin von allem, wozu wir raten

die GRUNDLAGE in der Natur der Sache selbst gezeigt,

die WAHRHEIT durch Vergleichsbeispiele aus den mechanischen Künsten dargetan,

die REIHENFOLGE nach Jahren, Monaten, Tagen und Stunden festgelegt und schließlich

der WEG gewiesen wird, auf dem sich alles leicht und mit Sicherheit erreichen läßt.

ERSTES UND LETZTES ZIEL UNSERER DIDAKTIK SOLL ES SEIN, die Unterrichtsweise aufzuspüren und zu erkunden, bei welcher die Lehrer weniger zu lehren brauchen, die Schüler dennoch mehr lernen; in den Schulen weniger Lärm, Überdruß und unnütze Mühe herrsche, dafür mehr Freiheit, Vergnügen und wahrhafter Fortschritt; in der Christenheit weniger Finsternis, Verwirrung und Streit, dafür mehr Licht, Ordnung, Friede und Ruhe.

[...]

4. Kapitel

DIE DREI STUFEN DER VORBEREITUNG AUF DIE EWIGKEIT: SICH SELBST (und damit alles andere) ERKENNEN, BEHERRSCHEN UND ZU GOTT HINLENKEN

1. Die letzte Bestimmung des Menschen ist also offensichtlich die ewige Seligkeit in der Gemeinschaft mit Gott. Dieser aber sind andere Bestimmungen untergeordnet, welche diesem vergänglichen Leben gelten. Das zeigt sich in den Worten Gottes, der bei der Erschaffung des Menschen sprach: Laßt uns Menschen machen nach unserm Bilde, uns ähnlich; die sollen herrschen über die Fische im Meer und die Vögel des Himmels und über alles Getier, das auf der Erde sich regt (1. Mos. 1, 26).

2. Daraus geht nämlich hervor, daß der Mensch unter die anderen leiblichen Geschöpfe gestellt wurde als das Geschöpf, welches 1. Vernunft besitzen, 2. die anderen Geschöpfe beherrschen und 3. das Ebenbild und die Freude seines Schöpfers sein soll. Diese drei Bestimmungen sind so unter sich verknüpft, daß sie nicht voneinander getrennt werden dürfen; sie bilden die Grundlage dieses und des künftigen Lebens.

3. Ein vernünftiges Geschöpf sein heißt, sich der Erforschung, der Benennung und dem Durchdenken aller Dinge widmen, d. h. fähig sein, alles zu erkennen, zu benennen und zu verstehen, was es auf der Welt gibt (vgl. 1. Mos. 2, 19); oder — wie Salomo bestimmt — den Bau des Weltalls und das Wirken der Elemente verstehen, Anfang, Ende und Mitte der Zeiten, den Wechsel der Sonnenwenden und den Wandel der Jahreszeiten, den Kreislauf der Jahre und die Stellung der Gestirne, die Natur der Lebewesen und die Triebe der wilden Tiere, die Macht der Geister und die Gedanken der Menschen, die Unterschiede der Pflanzen und die Kräfte der Wurzeln, alles, was es nur Verborgenes und Sichtbares gibt (Weish. 7, 17 ff.). Dahin gehört auch die Kenntnis der Handwerke und die Kunst der Rede, damit uns nirgends im Kleinen wie im Großen etwas unbekannt bleibe (J. Sir. 5, 15 bzw. 5, 18). So erst wird der Mensch wahrhaftig den Titel eines vernünftigen (rationalis) Wesens behaupten können, wenn er die Gründe (rationes) von allem kennt.

4. Herr über alle Geschöpfe sein heißt, alles seiner eigentlichen Bestimmung gemäß und zugleich sich selbst zum Nutzen und Vorteil ordnen; unter den Geschöpfen überall königlich, nämlich ernst und heilig walten, indem man den einen zu verehrenden Schöpfer über sich, die Engel als seine Mitknechte neben sich, alles andre tief unter sich stehen sieht; die Würde, die uns zugestanden ist, wahren; sich keinem Geschöpfe — und auch der eigenen Fleischlichkeit nicht — preisgeben; alles frei zu seinem Dienste benutzen; und wissen, wo, wann, wie und wieweit man ein jedes Ding klug anwenden, — wo, wann, wie und wieweit man dem Körper nachgeben, — wo, wann, wie und wieweit man

dem Nächsten willfahren muß; mit einem Worte: die äußeren und inneren, die eigenen und fremden Regungen und Taten klug zu lenken wissen.

5. Ebenbild Gottes sein endlich heißt, die Vollkommenheit seines Urbilds wirklich nachahmen; so wie Gott selbst sagt: Ihr sollt heilig sein, denn ich bin heilig, ich, euer Gott (3. Mos. 19, 2).

6. Daraus ergeben sich die angestammten Bedürfnisse des Menschen, nämlich daß er 1. aller Dinge kundig sei, 2. die Dinge und sich selbst beherrsche, 3. sich und alles auf Gott als den Ursprung aller Dinge zurückführe. Diese drei Bedürfnisse bezeichnen wir mit allgemein bekannten Worten als

   1. gelehrte Bildung (eruditio),
   2. Tugend oder Sittlichkeit (mores),
   3. Frömmigkeit oder Religiosität (religio).

Dabei verstehen wir unter *gelehrter Bildung* die Kenntnis aller Dinge, Künste und Sprachen; unter *Sittlichkeit* nicht nur den äußeren Anstand, sondern das ganze innere und äußere Verhalten; unter *Religiosität* jene innere Verehrung, durch welche der Geist des Menschen mit der höchsten Gottheit sich verknüpft und vereinigt.

[...]

6. Kapitel

DER MENSCH MUSS ZUM MENSCHEN ERST GEBILDET WERDEN

1. Die Samen des Wissens, der Tugend und des Glaubens legt, wie wir sahen, die Natur. Wissen, Tugend und Glauben selbst aber schafft sie nicht – die werden durch Beten, durch Lernen und durch Tätigkeit erworben. Darum hat einmal jemand den Menschen nicht unzutreffend gekennzeichnet als „ein der Zucht zugängliches Lebewesen“ (animal disciplinabile), da er ja ohne Zucht nicht zum Menschen werden kann.

[...]

7. So viel über die [allgemeine] Notwendigkeit einer solchen Wartung (cultura) für alle. Auf die gleiche Forderung stoßen wir, wenn wir die einzelnen Eigenschaften und Situationen der Menschen betrachten. Die *Dummen* bedürfen der Zucht, um ihre Stumpfheit abzuschütteln, das wird niemand bestreiten. Aber weit mehr noch bedürfen ihrer die *Gescheiten*. Denn der scharfe Verstand wendet sich unnützen, absonderlichen und gefährlichen Dingen zu, wenn er nicht mit Nützlichem beschäftigt wird. Wie ein Acker die Samen von Dornen und Disteln umso reichlicher aufgehen läßt, je fruchtbarer er ist, so ist auch ein kluger Verstand voller absonderlicher Gedanken, wenn er nicht mit Weisheit und Tugend besät wird. Und wenn man einer Mühle, die in Betrieb ist, kein

Getreide, keinen Grundstoff für das Mehl gibt, so nutzt sie sich selbst ab, zerreibt mit Lärmen und Krachen ihre Steine nutzlos zu Staub, erleidet Schaden oder zerbricht gar in Stücke. So ergeht es auch dem lebhaften Geiste, welcher der ernsthaften Beschäftigung entbehrt: er verwickelt sich in eitle, absonderliche und ganz verderbliche Dinge und wird Ursache seines eigenen Untergangs.

8. Was sind *Reiche* ohne Weisheit andres als mit Kleie gemästete Schweine? Und was sind *Arme* ohne Verständigkeit andres als zum Lasttragen verurteilte Esel? Was ist ein Schöner, der nichts gelernt hat, andres als ein federgezierter Papagei, oder, wie einmal jemand sagte, eine goldene Scheide mit einem bleiernen Dolch darin?

9. Daß diejenigen, welche einst anderen befehlen sollen, Könige, Fürsten, Beamte, Pfarrer und Lehrer, zuvor mit Weisheit erfüllt werden, ist gerade so nötig wie für einen Wegführer die Augen, für einen Dolmetscher die Sprache, für eine Trompete der Ton oder für ein Schwert die Schärfe. In gleicher Weise müssen aber auch die Untergebenen aufgeklärt werden, damit sie den weisen Gebietern auf kluge Art gehorchen, nicht aus Zwang und im Eselsgehorsam, sondern freiwillig und aus Liebe zur Ordnung. Denn nicht mit Geschimpfe, mit Arrest oder mit Prügeln, sondern durch die Vernunft soll das vernünftige Geschöpf geleitet werden. Wird das falsch gemacht, so liegt darin zugleich eine Kränkung Gottes, der doch auch in jenen sein Ebenbild niedergelegt hat. Unruhe und Gewalttat werden die menschlichen Beziehungen beherrschen, ja beherrschen sie schon.

Pestalozzi: Ansichten und Erfahrungen

Pestalozzi, Johann Heinrich (1806): Ansichten, Erfahrungen und Mittel zur Beförderung einer der Menschennatur angemessenen Erziehungsweise (= PSW 19).

So unabänderlich er [der Erziehungsversuch] in seinem Wesen ist und so gewiß er nur durch die Unabänderlichkeit seines Wesens auf alles Zufällige und Willkürliche in der Welt richtig hinwirkt, so muß er dennoch äußerlich unendlich ungleich erscheinen, wenn er den Menschen in ihren ungleichen Lagen und Verhältnissen als ihnen wirklich genießbar und anwendbar dastehen soll. Er muß in seiner äußeren Erscheinung durchaus anders dastehen, wenn ihn der Reiche, er muß in derselben durchaus anders dastehen, wenn ihn der Arme, jeder in seiner Lage, mit Kraft und Leben ergreifen soll. Er muß anders dastehen, wenn er den Arbeiter befriedigen, und anders, wenn er den Denker anlocken, anders, wenn er bloß beim gesunden Menschenverstand Eingang finden, anders, wenn er sich durch alle Krümmungen eines anmaßlichen, oberflächlichen Wissens und seiner unerschöpflichen Geschwätzkunst siegend hindurcharbeiten, und noch anders, wenn er sogar den leidenschaftlichen Widersprüchen von Menschen den Tod geben soll, die, weil sie so viele Gründe haben, das Licht der Wahrheit zu scheuen, als die Maulwürfe das Licht der Sonne, in den dunklen Gängen von tausenderlei Ausflüchten gegen dieselbe herumzukriechen und herumzuspringen so geübt und gewohnt sind als diese Mäusearten in ihren Hohlwegen unter dem Boden.

Ebenso muß mein Versuch anders erscheinen, wenn er dem städtischen Weibe, und anders, wenn er der ländlichen Frau, jeder in der Eigenheit ihrer Lage, reizend und befriedigend dastehen, anders, wenn er dem städtischen, anders, wenn er dem ländlichen Schulwesen, anders, wenn er den öffentlichen Waisenhäusern, und anders, wenn er den Privaterziehungsanstalten genugtuend dienen soll.

Das gesellschaftliche Leben hat die Menschen also getrennt und stellt ihnen Wahrheit und Recht in der Hülle der Eigenheiten ihres Standes so ungleich, aber so ganz und so innig und allgemein mit dieser Hülle verwoben dar, daß sie im allgemeinen eigentlich ganz unfähig sind, Wahrheit und Recht, wenn sie ihnen außer den Ansichten, Reizen und Mitteln ihrer Umgebungen herausgeworfen erscheinen, zu erkennen, will geschweigen, sie zu ergreifen und zu benutzen. Auch der bestgelungene Erziehungsversuch kann deshalb nur dann dem Menschengeschlecht wohltätig und genießbar werden, wenn er für jeden Stand und für jedes Verhältnis in der Hülle und in der Schale erscheint, in der dieser Stand Wahrheit und Recht allein zu erkennen vermag.

Nur dadurch findet ein solcher Versuch in dieser Welt seine Welt, das heißt: bei jedem braven Mann, bei jedem braven Weib, in jeder Dorfschule, in jeder Stadtschule, in jedem Waisenhaus und in jeder Erziehungsanstalt Anschließungspunkte alles Guten, das in ihm liegt, an alles Gute, das in diesen Verhältnissen liegt. Nur dadurch kommt ein solcher Versuch dahin, daß alles Gute, das er hat, dem Menschengeschlecht in allen Verhältnissen brauchbar und wohltätig werden kann. Jeder Zustand, jede Einrichtung des gesellschaftlichen Lebens, Reichtum, Armut, Stadtleben, Landleben, Schulen, Wissenschaften, Waisenhäuser, Privaterziehungsanstalten, Arbeitsfächer, Berufsarten, kurz, jede Lage und jedes Verhältnis der Menschen hat in Rücksicht auf die richtige und allgemeine Ausbildung der Anlagen unseres Geschlechtes seine Vorteile und seine Nachteile. Und man muß beide genau kennen, um irgendeinem guten Erziehungsversuch eine Welt zu zeigen, darin er sich wirklich findet und finden kann. Jeder solche Versuch muß sich in jedem Verhältnis an die Eigenheiten dieses Verhältnisses anschließen, wenn er gedeihen soll, und so wie wir Mittel suchen, unseren Versuch wirksam zu machen, müssen wir auch notwendig die Verhältnisse, in denen wir ihn allein wirksam machen können, und die Vorteile und Nachteile, die diese Verhältnisse für unseren Zweck mit sich führen, ins Auge fassen.

Ich fange bei dem an, wonach die Menschen am meisten streben – ich fange bei Reichtum und Ansehen an:

Beides führt eine vielseitigere, freiere und umfassendere Ansicht der Welt, beides führt Überfluß an Kunst- und Erwerbungsmitteln alles Seltenen und Kostbaren, das in der Welt ist, mit sich. Was Geld und Ehre der Erziehung geben können, davon ist der Erzieher des Reichen im leichten Besitz. Aber Geld und Ehre geben unserem Geschlecht das, was für seine Erziehung das Wesentliche ist, nicht. Im Gegenteil, sie können – beides – der Kraft des Erziehers, dieses Wesentliche dem Kind zu geben, und der Kraft des Kindes, dieses Wesentliche rein aufzufassen und festzuhalten, in einem hohen Grad nachteilig und gefährlich werden. Reichtum und Ehre und noch weniger Halbreichtum und Halbehre umgibt den Menschen so selten, ohne sich – zum Nachteil seiner einfachen, naturgemäßen Ausbildung und seiner inneren Veredelung – seiner Sinnlichkeit zu bemächtigen. Als Genießungen, die nur wenigen zuteil werden, schwächen beide so leicht im Auge der Genießenden den Wert dessen, was alle Menschen leicht haben und leicht genießen können, und bringen Eltern, die in diesem Fall sind, so oft dahin, daß es ihnen weit wichtiger ist, den Schein, den Glanz und das Eigene, durch den diese Vorzüge ihre Besitzer auszeichnen, an ihren Kindern auffallen zu machen, als das Wesentliche, Unabänderliche und Ewige, wodurch sich die Menschennatur allein wirklich veredelt, in ihnen sicherzustellen. Wo das so ist, wo der grause Totenaltar des gesellschaftlichen Menschenverderbens also lichterloh brennt und die heilige Flamme des reinen inneren Menschenlebens bis auf ihren letzten Funken ausgelöscht ist und die standesverdorbene Mutter in ihrem Kind in den tausend Ungleichheiten ihrer Lage und ihrer Verhältnisse das gar nicht mehr achtet, dem ganz und gar nichts mehr rechnet, was ihr Kind als Kind seines Schöpfers und Vaters im

Himmel wirklich ist, sondern nur dessen Rechnung trägt, was es als Kind des Hoch- und Wohl- und Insonders etc. etc. etc. Herrn, Herrn in und von und zu und daneben scheinen soll, da wird der Mann, der für das Wesen und den Umfang einer guten Erziehungsweise Sinn und Kraft hat, lieber den Staub von seinen Füßen schütteln und weitergehen, als sich mit einer Erziehung befassen, deren wesentliche Fundamente schon aufgelöst und in Staub zerronnen sind.

[...]

Ich gehe weiter, ich verlasse das Verhältnis des Reichtums und der Ehre und wende mich zu der in der Ansicht der Selbstsucht fürchterlichen, in der Ansicht der Liebe heiligen Armut. Sie ist es, durch die Gott selbst einen großen Teil unseres Geschlechtes führt und leitet. Sie, die Armut, beschränkt zwar ihren Kindern und Zöglingen die Ansicht der Welt und läßt ihnen viele Mittel, vielen Reiz und alles Seltene und Kostbare der Vielseitigkeit und der Ausdehnung dieser Ansicht mangeln und nur etwa hier und dort ein Brosamen von dem Überfluß der Geld- und Kunstmittel unserer Bildung auf den Sohn der Not, ihren Zögling, herabfallen. Aber so beschränkt die Mittel der Bildung des Armen auch sind, so groß und so wesentlich ist ihr innerer Wert. Not lehrt beten, öffnet alle Sinne, treibt alle Glieder, und, was über alles geht, sie rührt das Herz und belebt mit Macht die edelsten Gefühle unserer Natur.

[...]

Es ist umsonst – es hilft dem Armen niemand und kann ihm in seiner Lage niemand eingreifen, wirksam und wahrhaft helfen, als die Edleren unter ihnen selber, und wenn ihnen Menschen aus höheren Klassen helfen wollen, so können es auch diese nur dannzumal und nur insoweit eingreifend, wirksam und mit Erfolg tun, wenn es durch Vermittlung und mit Rat und Handbietung der ersten geschieht.

Und so wie kein Erziehungsversuch fähig ist, bei den höheren Ständen Eingang zu finden, wenn er den Ansprüchen des Reichtums und der Ehre an sich und mehr entgegen ist, als es not tut, um den Menschen den Besitz höherer Güter zu sichern und ihnen selber die Vorzüge des Reichtums und der Ehre zu erhöhen, genußreicher zu machen und zu veredlen, ebensowenig ist es möglich, daß irgendein Erziehungsversuch bei dem Armen Eingang finde, der das gewohnte Wallen und Weben auch dieser Volksklasse an sich stoßen und die Befriedigungen und Annehmlichkeiten, die auch sie in ihrem Stand genießen, mehr stören würde, als es nötig ist, um ihr höhere und bessere Annehmlichkeiten zu sichern und auch die, die sie wirklich genießt, ihr befriedigender und genußreicher zu machen.

Ein Versuch, der dem Armen hierin wirklich helfen und dienen soll, muß ihm auf eine Weise unter die Augen gebracht werden, daß, wenn auch nur der letzte Funke eines reinen Vatergefühls nicht ganz in ihm erloschen ist, er notwendig wünschen müsse, daß sein Kind lerne, was der Versuch lehrt, daß es das könne, wozu er gewöhnt, und daß es das wolle, wozu er reizt. Er muß so sein, daß er jedem nicht ganz schlechten Armen, der ihn nur sieht, auffallen macht, ein nach ihm erzogenes armes Kind erhalte durch ihn für sein Leben dauernde, ihm Brot, Ruhe, Freude schaffende und solche Vorzüge, die der Sohn der Not und die Tochter des Elendes sonst nirgends findet, die aber dennoch in ihrem Wesen auf eben den Fundamenten ruhen und durch eben die Kräfte erzeugt werden, durch welche alle besseren Armen sich über das Verderben ihres Elendes selber emporheben, sich mitten in ihrem Zustand mit Gott und Ehren durch die Welt bringen und selber noch Kräfte bis an ihr Grab erhalten, die sie in Glück und Freuden nicht auf ihr Todbett gebracht hätten.

Ein solcher Versuch muß wesentlich also sein, daß, indem er sich dem Armen selber als dazu geeignet darstellt, die Mittel, wodurch Not und Elend auf Erden gemildert werden können, zu sichern, zu vermehren und zu beleben, er dennoch das Segenbringende und Heilige der Not und der Armut selber ihm nicht aus den Augen rücke und auf keine Weise träumerische Vorstellungen von der Möglichkeit und den Vorteilen einer gänzlichen Aufhebung derselben in ihm erzeugt. Er muß ihm im Gegenteil als eine heilige Frucht der Not und der Armut selber erscheinen, die nur durch eine Liebe und eine Kraft erzeugt werden konnte, die ohne das Dasein vieler Not und vieles Elendes unter Menschen nicht denkbar wäre und die hinwieder keinen höheren Zweck habe, als eben diese Liebe und eben diese Kraft in unserem Geschlecht immer allgemeiner und segensreicher zu machen.

3. Anregungspotenzial: Sozial Benachteiligte als Förderung für gesellschaftlich Privilegierte

Ein weiteres Bild von Bildung und sozialer Ungleichheit nimmt gesellschaftlich benachteiligte Gruppen deshalb in den Blick, weil sie ein Anregungspotenzial für die Privilegierten bieten können. Nicht privilegierte Personen bringen aufgrund ihrer Herkunft bestimmte Eigenschaften mit, über die privilegierte Personen nicht verfügen. Beispielsweise könnten arme Kinder durch die Notwendigkeit des Existenzkampfs ein größeres Maß an Durchhaltewillen oder auch die Fähigkeit, mit Wenigem zufrieden zu sein, entwickeln. Welche Gruppe der Benachteiligten dabei in den Blick gerät, variiert je nach Autor*in, die Begründung, warum die Benachteiligten Bildung erfahren sollten, bleibt jedoch gleich: Auch sozial Benachteiligte müssen gezielt gebildet werden. Allerdings nicht um ihrer selbst willen, sondern weil deren Bildung wichtig für die privilegierten Bevölkerungsgruppen sei. Nutznießer sind damit primär die ohnehin privilegierten Bevölkerungsgruppen – die benachteiligten Gruppen sind ‚Mittel zum Zweck'. Es geht in diesem Bild nicht darum, Benachteiligungen aufzulösen. Nichtsdestotrotz führt die Tatsache, dass die nicht privilegierten Kinder Zugang zu Bildung erhalten, auch dazu, dass diese sich individuell weiterentwickeln können bzw. formale Abschlüsse erreichen, womit natürlich auch ein persönlicher Nutzen für diese Kinder verbunden ist.

3.1 Historische Beispiele

Im Folgenden sollen zwei Konzepte vorgestellt werden, die auf den ersten Blick wenig miteinander zu tun zu haben scheinen, nämlich die Konzeption von Rousseau zur Bildung von Frauen und der Ansatz der Eliteförderung bei Kurt Hahn. Auch wenn Rousseaus Konzeption einer Erziehung für Frauen sich deutlich von der Konzeption eines gemeinsamen Schullebens nach Hahn unterscheidet, findet sich in beiden Ansätzen eine ähnliche Argumentationslogik, weshalb eine Erziehung und Bildung von gesellschaftlich benachteiligten Gruppen (Frauen bzw. Unterschichtskinder) notwendig ist. Die Benachteiligten dienen hier als Anregungspotenzial für besser Gestellte (Männer bzw. Oberschichtskinder), die so in ihrer Entwicklung gefördert werden sollen.

Beginnen wir mit Jean-Jacques Rousseau:

Jean-Jacques Rousseau (1712–1778) war ein in Genf geborener und in Frankreich wirkender Philosoph, Schriftsteller und Pädagoge. Mit seinem Erziehungsroman „Émile oder Über die Erziehung" hat er das pädagogische Denken wie kaum ein anderer revolutioniert, indem er den Blick auf die „Natur des Menschen, seine individuelle Erlebnisfähigkeit, seine Erfahrungen und Gefühle bezieht und nicht auf die Stände und ihre Traditionen" (Stumpf 2007: 41). Er gilt als „Entdecker der Kindheit" und Begründer einer Erziehung, die sich an der Natur des Menschen orientiert – ein Gedanke, der später in der reformpädagogischen Bewegung aufgegriffen und weiterentwickelt wurde. Der Roman „Émile oder über die Erziehung" wurde, genauso wie das zeitgleich erschienene Buch „Der Gesellschaftsvertrag", von den Regierenden als Angriff auf die bestehenden gesellschaftlichen Verhältnisse verstanden, sodass Rousseau ins Exil gehen musste und erst in den letzten zehn Lebensjahren nach Frankreich zurückkehren konnte. Das unten zitierte Buch „Émile" wurde in Deutschland sehr breit zur Kenntnis genommen und hat den wissenschaftlich-pädagogischen Diskurs stark geprägt (vgl. Bolle 2009: 385).

Rousseau verfolgt in seinem Werk die Frage nach sozialer Ungleichheit auf sehr verschiedenen Ebenen. Er kritisiert ganz grundlegend die moderne Zivilisation, die den Menschen ungesunden Zwängen aussetzt und damit den „Naturzustand" einer eher geringen Ungleichheit aufhebt (vgl. Rousseau 1998: 71). Entsprechend formuliert er auch im „Gesellschaftsvertrag": „Der Mensch wird frei geboren, und überall ist er in Banden" (Rousseau o. J./1762), womit er auf die von Natur aus gegebene Gleichheit der Menschen fokussiert, die jedoch durch die sozialen Zustände eingeschränkt wird. In seiner berühmten „Abhandlung über den Ursprung und die Grundlagen der Ungleichheit unter den Menschen" (Rousseau 2010/1755) gesteht er diese Gleichheit auch den „Wilden" und „Negern" zu und arbeitet heraus, dass Unterschiede zwischen den Menschen aus deren Umgebung resultieren, indem er feststellt, dass „bei allen Völkern der Welt die Fortschritte des Geistes genau im Verhältnis zu den Bedürfnissen stehen, welche die Völker von der Natur empfangen" (Rousseau 1998: 47). Während diese Positionen als ausgesprochen progressiv für die damalige Zeit angesehen werden können, zeichnet Rousseau in Bezug auf Frauen ein deutlich anders Bild. In dem unten zitierten Kapitel zu Sophie wird deutlich, dass die Freiheiten und Erziehungsziele, die Rousseau fortschrittlich und berühmt machen, nicht für beide Geschlechter gleichermaßen gelten. Mensch meint im Sinne von Rousseau wirklich „Mann“. Während seine Position bezüglich der Erziehung des Mannes eher dem Bild „Menschenrecht“ (Kapitel 8) zuzurechnen wäre, muss diejenige bezüglich der Frauen dem hier dargestellten Bild „Anregungspotenzial“ zugeordnet werden.

Rousseau konzipiert in seinem pädagogischen Klassiker „Émile oder Über die Erziehung“ (1762) für das männliche Kind Émile ein sehr differenziertes Entwicklungsprogramm, das auf Eigenständigkeit und Natürlichkeit als Erziehungsziele fokussiert. Die Erziehung der Frau wird deutlich anders dargestellt. Sie zielt von vornherein ausschließlich darauf ab, dem Mann nützlich und dienlich zu sein. Bezeichnenderweise wird die Erziehung von Frauen für Rousseau erst relevant, sobald bei der Erziehung von Émile die Notwendigkeit auftritt, ihm eine „Gefährtin“ zu suchen, denn: „Es ist nicht gut, dass der Mensch allein sei. Émile ist Mensch; wir haben ihm eine Gefährtin verheißen und müssen sie ihm nun auch geben“ (Rousseau 2010: 699). Bei Rousseau werden zwar alle Menschen als prinzipiell gleich gedacht, jedoch kann er diese Perspektive nicht durchhalten. So kommt er letztendlich zu der Schlussfolgerung, dass es trotz einer prinzipiellen Gleichheit der Menschen auch natürliche Unterschiede zwischen den Geschlechtern gibt, die sich aus ihrer Veranlagung und ihren biologischen Voraussetzungen ergeben: Männer und Frauen sind, obwohl als Menschen eigentlich gleich, aufgrund des Geschlechtsunterschieds doch grundverschieden und werden dies auch bleiben.

Durch die Überzeugung, dass beide Geschlechter verschieden sind, kommt Rousseau zu dem Schluss, dass auch ihre Erziehung unterschiedlich sein muss (vgl. Rousseau 2010: 711). Dabei ist die Erziehung der Frauen ausschließlich auf die Männer ausgerichtet. Die Frau, so Rousseau (2010: 701), „ist besonders dazu geschaffen um dem Mann zu gefallen“. „Die ganze Erziehung der Frau“, so Rousseau (2010: 715) weiter,

> muss daher auf die Männer Bezug nehmen. Ihnen Gefallen einzuflößen und zu nützen, sich bei ihnen beliebt zu machen und in Ehren zu stehen, sie in der Jugend zu erziehen, und wenn sie herangewachsen sind, für sie zu sorgen, ihnen mit Trost und Rat beizustehen, das Leben zu verschönern und zu versüßen: Das sind die Pflichten der Frauen zu allen Zeiten, auf die man sie von Kindheit an aufmerksam machen soll.

Das Dasein als Ehefrau und Mutter ist für Rousseau „eben die Lebensweise, welche Natur und Vernunft dem weiblichen Geschlecht vorschreiben“ (Rousseau 2010: 718). Die gesamte Erziehung der Mädchen ist für Rousseau auf ihre zukünftige Rolle als Frau und Mutter ausgerichtet. Dabei behält er stets im Blick, welche Eigenschaften einer Frau am angenehmsten für ihre zukünftigen Ehemänner sind. Die Erziehung der Frauen dient damit allein dem Zweck, dass sie für die gesellschaftlich privilegierten Männer eine gute Ergänzung und eine angenehme Gesellschaft sind. Schlussendlich soll die Erziehung der Frauen „in Bezug auf solche Dinge, die nicht unmittelbar mit ihren Pflichten in Zusammenhang stehen, [...] auf das Studium der Männer oder auf solche angenehmen Kenntnisse gerichtet sein, welche es nur mit dem Geschmack zu tun haben“ (Rousseau 2010: 761). Die Erziehung der Mädchen und Frauen erfolgt also nicht um ihrer selbst willen, sondern um sie auf ihre zukünftige Aufgabe – die Unterstützung ihres Ehemannes – vorzubereiten. Diese Zweckgebundenheit macht die Besonderheit dieses Bildes aus: Bildung erfolgt nur, um Wohlgefallen bei gesellschaftlich bessergestellten Personen, in diesem Fall Männern, auszulösen und um für sie eine ergänzende bzw. unterstützende Rolle einnehmen zu können.

Eine ähnliche Begründung für Bildung von gesellschaftlich benachteiligten Personen finden wir auch in den Salemer Gesetzen von Kurt Hahn.

Der aus einer wohlhabenden jüdischen Familie stammende **Kurt Hahn** (1886–1974) gilt als Begründer der Erlebnispädagogik. Im Jahr 1919 gründete er zusammen mit dem Prinzen Max von Baden das (koedukative) Internat Schloss Salem, das sich an der Landerziehungsheimbewegung orientierte. 1932 folgte die Gründung des Birklehofs in Hinterzarten im Schwarzwald, einer Schwesterschule von Salem (siehe auch Biografie Georg Picht). Nach der Machtergreifung der Nationalsozialisten emigrierte er nach Schottland, wo er seine erlebnispädagogischen Ansätze weiterentwickelt (Outward Bound) und 1934 in Gordonstoun die British Salem School gründet. Das Internat Schloss Salem existiert bis heute und wird überwiegend von Kindern der (internationalen) Oberschicht besucht (siehe Aufstellung berühmter Schüler unter https://de.wikipedia.org/wiki/Schule_Schloss_Salem). Wie bereits in der Gründungszeit gibt es die Möglichkeit, dass einige Kinder aus ärmeren Verhältnissen über Teilstipendien die Schule besuchen können.[2]

Die Salemer Gesetze beschreiben grundlegende pädagogische Orientierungen, wie sie für die Einrichtung des 1920 gegründeten Landerziehungsheims Schloss Salem formuliert wurden. Der Grundgedanke der Erlebnispädagogik von Kurt Hahn war darauf ausgerichtet, durch eine Förderung neuer Eliten

2 Vgl. https://www.schule-schloss-salem.de/de/aufnahme-und-stipendien/stipendien [Letzter Zugriff 16.10.2020].

dem Zerfall der Gesellschaft entgegenzuwirken (vgl. Fischer/Ziegenspeck 2008: 226–229). „Das anzustrebende Idealbild des über Erziehung zu bildenden Individuums orientierte sich stark am angelsächsischen Ideal einer (aristokratischen) Elitepersönlichkeit (Sommerfeld 2001: 394). Ganz in diesem Sinne wurde auch Schloss Salem eingerichtet, das von Beginn an durch hochgestellte Persönlichkeiten wie Max von Baden – den letzten Thronfolger des Großherzogtums Baden – unterstützt wurde.

Im siebten Salemer Gesetz heißt es ganz explizit: „Erlöst die Söhne reicher und mächtiger Eltern von dem entnervenden Gefühl der Privilegiertheit“ (Hahn, Original 1930).[3] Hier werden die Zielrichtung auf die Bildung privilegierter Kinder (hier Söhne, im Zitat weiter unten aber auch Mädchen) deutlich und auch der Grund, weshalb in der Privatschule Salem auch Kinder gesellschaftlich benachteiligter Eltern unterrichtet werden sollen. So heißt es in diesem Salemer Gesetz weiter:

> Dekadenz ist nicht immer ein unabwendbares Naturgesetz, häufiger ist sie eine absichtliche Verschwendung eines großartigen Erbes. Solange sie auf ihre Kreise beschränkt sind, haben die ‚armen‘ Jungen und Mädchen der Reichen keine Möglichkeit, sich zu Männern und Frauen zu entwickeln, die überleben können. Lasst sie die Erfahrungen eines faszinierenden Schullebens mit Söhnen und Töchtern teilen, deren Eltern um ihre Existenz zu kämpfen haben. Keine Schule kann eine Tradition von Selbstdisziplin und tatkräftiger, freudiger Anstrengung aufbauen, wenn nicht mindestens 30 Prozent der Kinder aus Elternhäusern kommen, in denen das Leben nicht nur einfach, sondern sogar hart ist (ebd.).

Hahn kritisiert die „Dekadenz“ der damaligen Eliten und damit auch die von ihnen geführte Gesellschaft insgesamt. Diese Dekadenz entsteht aus seiner Sicht dadurch, dass die „Reichen und Privilegierten“ unter sich bleiben und damit kein Anregungspotenzial anderer Art besteht. Wenn man nun Kinder aus nicht privilegierten Elternhäusern, deren „Leben nicht nur einfach, sondern sogar hart ist“, in diese Schule der privilegierten Kinder integriert, würden diese das notwendige Anregungspotenzial bekommen, um der (potenziell angelegten) Dekadenz zu entgehen.

Die Langeweile der Kinder der Reichen soll folglich durch die existenzbedrohenden Erfahrungen der benachteiligten Kinder aufgebrochen werden, sodass diese Erweiterung ihrer bisherigen Umgebung erleben. Die Förderung

3 Die Salemer Gesetze finden sich auch heute noch auf der Homepage der Privatschule Schloss Salem (https://www.schule-schloss-salem.de/leben-lernen/persoenlichkeiten-bilden/) [Letzter Zugriff 16.10.2020].

von Kindern aus sozioökonomisch benachteiligter Stellung dient also dazu, den privilegierten Kindern Lernerfahrungen und Anregungen zu ermöglichen, um ihre Selbstdisziplin und Leistungsbereitschaft zu fördern. Auch hier findet Bildung von Benachteiligten also nicht um ihrer selbst willen statt – zumindest äußert sich das Salemer Gesetz nicht dazu –, sondern um gesellschaftlich Bessergestellten zum Vorteil zu sein. Dabei wird diese Bildung auch bei Kurt Hahn nur aus der Perspektive der Privilegierten betrachtet. Damit einher geht ein verklärter und idealisierender Blick auf gesellschaftliche Benachteiligung, da nicht die negativen Seiten von Armut und gesellschaftlicher Ausgrenzung in den Blick genommen werden, sondern nur, welche Vorteile sich hieraus für Reiche und Mächtige ergeben. Dass es Hahn wirklich primär um die Entwicklung der Eliteschulen geht, wird allein schon an dem von ihm herangezogenen, oben zitierten 30-Prozent-Anteil deutlich, da der Prozentsatz von Kindern aus nicht-privilegierten Elternhäusern in der Gesamtbevölkerung natürlich deutlich höher ist. Es geht also nicht im Geringsten um irgendeine Form von Chancengleichheit.

Vergleichen wir die Ideen Rousseaus mit denen Kurt Hahns, zeigen sich, trotz des identischen Grundbildes, auch Differenzen. Während es bei Rousseau zu keinerlei Veränderung in der sozialen Stellung durch Bildung kommt, ist diese bei Kurt Hahn zumindest potenziell angelegt, indem auch die nicht-privilegierten Kinder eine für sie nutzbare Ausbildung in einer Einrichtung mit hoher Reputation erhalten. Gemeinsam ist beiden, dass ausschließlich aus der Position der Privilegierten überlegt wird, welches Anregungspotenzial für deren optimale Entwicklung förderlich ist.

Im Unterschied beispielsweise zum Bild „Eliteförderung" wird am Beispiel der Salemer Gesetze überhaupt nicht in Frage gestellt, ob die bisher Privilegierten auch tatsächlich dazu in der Lage sind, die künftigen Eliten zu stellen. Kinder privilegierter Eltern können selbstverständlich eine Eliteschule besuchen, unabhängig davon, ob sie über die notwendigen Begabungen verfügen.

3.2 Pädagogische und bildungspolitische Konsequenzen

Der zentrale Gedanke dieses Bildes ist die Förderung von Kindern aus privilegierten Personengruppen durch den Umgang mit Nicht-Privilegierten. Dies bedeutet, dass auch jede bildungspolitische Bemühung primär aus der Perspektive privilegierter Gruppen betrachtet werden muss. D. h., es muss in erster Linie darüber nachgedacht werden, wie gute Bildungsinstitutionen für diese Personengruppe geschaffen werden können. Das gesamte Bildungssystem muss an diesem Interesse ausgerichtet sein. Bildung für Nicht-Privilegierte ist zwar auch notwendig, muss aber in Bezug auf die privilegierten Gruppen gedacht werden. Auf den Punkt gebracht ist die Konsequenz aus diesem Bild: Gebt den privilegierten Personengruppen eine optimale Bildung – den Nicht-Privilegierten gebt eine Bildung, die den Interessen der privilegierten Gruppen entspricht.

3.3 Aktuelle Beispiele

Ähnliche Argumentationsmuster finden sich aktuell im Umgang mit Freiwilligenarbeit in Ländern des globalen Südens. Zwar soll die Freiwilligenarbeit primär dem Zweck der humanitären Hilfe dienen und die Situation der Menschen in den Ländern verbessern, etwa durch eine Unterstützung beim Aufbau von Bildungseinrichtungen. In kritischen Betrachtungen dieses Feldes zeigt sich jedoch auch ein anderer Begründungszusammenhang. Dabei stehen v.a. persönliche Interessen und Vorteile der Helfenden im Fokus, nicht jedoch die Menschen vor Ort. Es geht um möglichst eindrucksvolle Erlebnisse und karrierefördernde Schritte für den eigenen Lebenslauf. Die Freiwilligenarbeit, so die Kritik, wird dabei zum Anregungspotenzial für die Helfenden und dient erst an zweiter Stelle – falls überhaupt – den Menschen im globalen Süden (vgl. z. B. Töpfl 2008; Hurtz 2012). Dies wird von den (ehemaligen) Freiwilligen auch (selbst)kritisch als Problem benannt. So schreibt ein ehemaliger Freiwilliger:

> Kaum ein Freiwilliger handelt aus purem Altruismus. [...] Ich dachte, wirklich etwas bewirken zu können. Und ich hatte dabei auch meinen Lebenslauf im Kopf. Niemand geht nur deshalb ins Ausland, aber ich glaube, alle wissen, dass die Berufsaussichten dadurch nicht unbedingt schlechter werden. Man meldet sich für ein Entwicklungsprojekt, weil man etwas für sich tun möchte: Es geht darum, möglichst beeindruckende Erlebnisse zu sammeln (Hurtz 2012).

Die eigene Freiwilligenarbeit soll damit primär der eigenen Entwicklung dienen. Die Tätigkeit vor Ort wird zu einem Anregungspotenzial für privilegierte Europäer*innen. In diese Richtung geht auch die deutliche Kritik von Claudia von Braunmühl zu den Freiwilligendiensten, die feststellt, dass „unausgebildete Jugendliche mit geringen Sprachkenntnissen, die, stark mit sich selbst beschäftigt, einer mehr oder weniger umfangreichen Unterstützung bedürfen, [...] kaum den Bedarf von Entwicklungsländern" bedienen können. „Es geht also sehr viel mehr um Lernen als um Helfen" (Braunmühl 2010).

Braunmühl betont außerdem, dass zunehmend „Kompetenzen wie Weltläufigkeit, Orientierungsfähigkeit und interkulturelle Ein- und Anpassung, die sich mit Hilfe eines ‚weltwärts'-Einsatzes erwerben ließen", im Fokus ständen.[4] „Derlei Kompetenzen sind heutzutage karrierefördernd und werden von Personalchefs geschätzt. Zudem bietet ‚weltwärts' Vorteile wie den Zugang zu Stipendien, Kollegs und die vorrangige Behandlung bei der Vergabe von Studienplätzen. Ein wie immer geartetes entwicklungspolitisches Engagement der Freiwilligen ist bestenfalls ein Nebeneffekt." (ebd.)

3.4 Arbeitsfragen

1. Was ist in diesem Bild die Funktion marginalisierter gesellschaftlicher Gruppen im Bildungssystem?
2. Wann würden in der Logik dieses Bildes Bildungsreformen notwendig werden?
3. In welche Schulformen würde in diesem Bild am ehesten investiert werden?
4. Vergleichen Sie das Bild „Anregungspotenziale" mit dem Bild „Gleichheit in der Ungleichheit": Wie würden die finanziellen Mittel für das Schulsystem jeweils verteilt werden?
5. Welche Perspektiven ergeben sich hier für begabte Kinder aus Unterschichtsmilieus?

4 Bei „weltwärts" handelt es sich um einen durch das Bundesministerium für wirtschaftliche Zusammenarbeit und Entwicklung finanzierten Freiwilligendienst, der jungen Menschen im Alter von 18 bis 28 Jahren einen sechs- bis 24-monatigen Einsatz in einem Hilfsprojekt in Afrika, Asien, Lateinamerika, Osteuropa oder Ozeanien ermöglicht. Vgl. https://www.weltwaerts.de/de/ [Letzter Zugriff 16.10.2020].

Rousseau: Sophie

Rousseau, Jean-Jacques (2010, zuerst 1762): Émile oder Über die Erziehung. Aus dem Französischen frei übersetzt von Hermann Denhardt, Köln: Anaconda (Fünftes Buch: Sophie oder Die Frau).

In der Vereinigung der Geschlechter tragen beide gleichmäßig zum gemeinsamen Zweck bei, aber nicht auf die gleiche Weise. Daraus ergibt sich der erste bestimmbare Unterschied in ihren gegenseitigen moralischen Beziehungen. Der eine muß aktiv und stark sein, der andere passiv und schwach; notwendigerweise muß der eine wollen und können; es genügt, wenn der andere wenig Widerstand leistet.

Steht dieser Grundsatz fest, so folgt daraus, daß die Frau eigens geschaffen ist, um dem Mann zu gefallen. Es ist weniger zwingend notwendig, daß ihr der Mann auch seinerseits gefällt: sein Vorzug liegt in der Kraft; er gefällt allein dadurch, daß er stark ist. Ich gebe zu, daß das noch nicht das Gesetz der Liebe ist; aber es ist das Gesetz der Natur, das älter ist als die Liebe selbst. Wenn die Frau dazu geschaffen ist, zu gefallen und sich zu unterwerfen, dann muß sie sich dem Mann liebenswert zeigen, statt ihn herauszufordern. [...]

Nachdem einmal bewiesen ist, daß der Mann und die Frau weder nach dem Charakter noch nach dem Temperament gleich gebildet sind noch sein dürfen, so folgt daraus, daß sie auch nicht die gleiche Erziehung haben dürfen. Folgen sie den Weisungen der Natur, so handeln sie wohl gemeinsam, aber sie dürfen nicht das gleiche tun.

[...]

Folgt daraus, daß sie in allem unwissend aufwachsen muß, außer in den häuslichen Verrichtungen? Soll der Mann aus seiner Gefährtin eine Dienstmagd machen? Soll er sich an ihrer Seite des größten Reizes der Gesellschaft berauben? Soll er sie am Fühlen und Denken hindern, um sie besser beherrschen zu können? Soll er einen Automaten aus ihr machen? Nein, gewiß nicht! So hat es die Natur nicht gewollt, die den Frauen einen so angenehmen und feinen Geist gab. Im Gegenteil: sie will, daß sie denken, urteilen, lieben, wissen; daß sie ihren Geist ebenso pflegen wie ihr Antlitz. Das sind die Waffen, die ihnen die Natur als Ersatz für die Kraft gab, die ihnen fehlt, und um unsere Kraft zu leiten. Sie müssen viel lernen, aber nur das, was sich für sie schickt.

Ob ich nun die Sonderbestimmung ihres Geschlechtes betrachte, ob ich ihre Neigungen beobachte oder ihre Pflichten bedenke, alles weist mich auf die Erziehungsform hin, die ihr angemessen ist. Mann und Frau sind füreinander geschaffen, aber ihre gegenseitige Abhängigkeit ist nicht gleich. Die Männer hängen wegen ihrer Begierden von den Frauen ab; die Frauen von den Männern wegen ihrer Begierden und Bedürfnisse. Wir könnten eher ohne sie als sie ohne uns bestehen. Wir müssen für ihre Bedürfnisse und ihr Wohlbefinden sorgen; wir müssen es ihnen aber auch geben wollen und sie dessen für würdig erachten. Sie hängen von unseren Gefühlen, von dem Wert, den wir ihren Verdiensten beimessen, und vom Gewicht ab, das wir auf ihre Reize und ihre Tugend legen. Schon von Natur aus hängen sie und ihre Kinder vom Urteil der Männer ab: es genügt nicht, schön zu sein, sie müssen auch gefallen; es genügt nicht, sittsam zu sein, sie müssen auch dafür gehalten werden. Ihre Ehre liegt nicht nur in ihrem Betragen, sondern auch in ihrem Ruf, und es ist unmöglich, daß eine Frau, die den Ruf der Ehrlosigkeit hinnimmt, jemals ehrbar sein kann. Ein rechtschaffener Mann hängt nur von sich selbst ab und kann der öffentlichen Meinung trotzen. Eine rechtschaffene Frau hat damit nur die Hälfte ihrer Aufgabe gelöst: das, was man über sie denkt, ist nicht weniger wichtig als das, was sie wirklich ist. Daraus folgt, daß ihre Erziehung in dieser Hinsicht das Gegenteil von unserer sein muß. Die öffentliche Meinung ist für die Männer das Grab ihrer Tugend, für die Frauen aber deren Thron.

Von der Gesundheit der Frauen hängt die der Kinder ab; von ihrer Sorgfalt hängt die erste Erziehung der Männer ab; von den Frauen hängen ihre Sitten und Leidenschaften, ihre Neigungen und Vergnügungen, ja ihr Glück ab. Die ganze Erziehung der Frauen muß daher auf die Männer Bezug nehmen. Ihnen gefallen und nützlich sein, ihnen liebens- und achtenswert sein, sie in der Jugend erziehen und im Alter umsorgen, sie beraten, trösten und ihnen das Leben angenehm machen und versüßen: das sind zu allen Zeiten die Pflichten der Frau, das müssen sie von ihrer Kindheit an lernen. Geht man nicht bis auf dieses Grundprinzip zurück, so entfernt man sich vom Ziel, und alle Vorschriften, die man ihnen macht, können weder zu ihrem noch zu unserem Glück dienen.

[...]

Aus demselben Grund, aus dem sie wenig Freiheiten haben oder haben sollen, übertreiben sie die, die sie haben, bis zum Übermaß. Extrem in allem, überlassen sie sich ihren Spielen mit größerem Ungestüm als die Jungen; das ist der zweite Übelstand, von dem ich eben gesprochen habe. Dieses Ungestüm muß gezügelt werden, denn es ist die Ursache einiger Untugenden, die den Frauen eigentümlich sind, wie z. B. die eigensinnige Versessenheit, mit der sich eine Frau heute für etwas begeistert, wofür sie morgen keinen Blick mehr hat. Die Unbeständigkeit ihrer Vorlieben schadet ihnen ebenso wie ihr Überschwang; beide kommen aus der gleichen Quelle. Nehmt ihnen nicht die Fröhlichkeit, das Lachen, das Lärmen, die ausgelassenen Spiele; aber verhütet, daß sie das eine satt bekommen, um zum anderen zu laufen. Duldet nicht, daß sie auch nur einen Augenblick in ihrem Leben über die Stränge schlagen. Gewöhnt sie daran, mitten im Spiel unterbrochen zu werden und anderen Pflichten ohne Murren zu folgen. Die bloße Gewohnheit genügt hierin, weil sie der Natur Beistand leistet.

Aus diesem zur Gewohnheit gewordenen Zwang entsteht die Folgsamkeit, die die Frauen ihr ganzes Leben lang brauchen, weil sie immer entweder einem Mann oder den Urteilen der Gesellschaft unterworfen sind und sich niemals über diese Urteile hinwegsetzen dürfen. Die erste und wichtigste Eigenschaft einer Frau ist die Sanftmut: bestimmt, einem so unvollkommenen Wesen wie einem Mann zu gehorchen, der oft selbst voller Laster und immer voller Fehler ist, muß sie frühzeitig lernen, Unrecht zu erdulden und Übergriffe eines Mannes zu ertragen, ohne sich zu beklagen. Nicht für ihn, für sich selbst muß sie sanft sein. Bitterkeit und Halsstarrigkeit verschlimmern nur ihre Leiden und das schlechte Benehmen der Ehemänner; sie fühlen, daß man sie mit diesen Waffen nicht besiegen darf. Der Himmel hat ihnen nicht Schmeichelei und Überredungsgabe gegeben, damit sie zänkisch werden; er hat sie nicht schwach gemacht, damit sie herrschsüchtig werden. Er hat ihnen nicht diese süße Stimme gegeben, damit sie schimpfen. Er hat ihnen nicht dieses zarte Antlitz gegeben, damit sie es im Zorn verzerren. Wenn sich Frauen ärgern, vergessen sie sich. Sie haben oft recht, sich zu beklagen, aber sie haben immer unrecht, wenn sie schelten. Jeder muß den Ton seines Geschlechts wahren.

[...]

Aus diesen Prinzipien lässt sich, wie ich glaube, im allgemeinen ableiten, welche Art von Bildung dem Geist der Frauen angemessen ist und worauf man ihr Denken von Jugend an ausrichten soll [...] Die Erforschung der abstrakten und spekulativen Wahrheiten, die Prinzipien und Axiome der Wissenschaft, alles, was auf die Verallgemeinerung der Begriffe abzielt, ist nicht Sache der Frauen. Ihre Studien müssen sich auf das Praktische beziehen. Ihre Sache ist es, die Prinzipien anzuwenden, die der Mann gefunden hat. Sie müssen die Beobachtungen machen, die den Mann dahin führen, Prinzipien aufzustellen. Alle Überlegungen der Frauen, die sich nicht unmittelbar auf ihre Pflichten beziehen, müssen auf das Studium der Männer und auf die angenehmen Kenntnisse gerichtet sein, die den guten Geschmack zum Gegenstand haben, denn Werke des Genies überschreiten ihre Fassungskraft. Um in den exakten Wissenschaften Erfolge zu haben, fehlt es ihnen an ausreichender Genauigkeit und Aufmerksamkeit. Die Naturwissenschaften soll der treiben, der von beiden Geschlechtern der Tätigste und Beweglichste ist, der die meisten Dinge sieht; der die meiste Kraft hat und sie auch übt, um die Beziehungen der Lebewesen und der Naturgesetze zu beurteilen. Die Frau ist schwach und sieht nichts von der Welt draußen. Sie schätzt und beurteilt die Kräfte, die sie in Bewegung setzen kann, um ihre Schwäche wettzumachen. Und diese Kräfte sind die Leidenschaften der Männer. Ihr Triebwerk ist stärker als unseres; alle seine Hebel können das menschliche Herz erschüttern. Alles, was ihr Geschlecht nicht selbst machen kann, was ihm aber angenehm oder notwendig ist, muß es mit Geschick dahin bringen, daß wir es machen wollen. Sie muß also bis auf den Grund den Geist des Mannes erforschen. Nicht den Geist des Mannes im allgemeinen durch Abstraktion, sondern den Geist der Männer, die sie umgeben, den Geist der Männer, denen sie unterworfen ist, sei es durch das Gesetz, sei es durch den gesellschaftlichen Zwang. Sie muß aus ihren Reden, Handlungen, Blicken und Gesten lernen, ihre Gefühle zu durchschauen. Sie muß ihnen durch ihre eigenen Reden, Handlungen, Blicke und Gesten die Gefühle eingeben können, die ihr gefallen, ohne sich den Anschein zu geben, daran gedacht zu haben.

4. Fortschrittsglaube: Reduzierung von (Bildungs-)Ungleichheit als natürlicher Prozess der Weiterentwicklung der Gesellschaft

Ein weiteres relevantes Bild von Bildung und sozialer Ungleichheit lässt sich als „Fortschrittsglaube“ umschreiben. Kennzeichnend für dieses Bild ist die Grundannahme, dass im historischen Verlauf die Ungleichheit zwischen den Menschen von allein geringer wird. Je fortschrittlicher eine Gesellschaft ist, desto geringer wäre demzufolge die Ungleichheit zwischen den Menschen. Diesem selbstläufigen Fortschrittsprozess darf sich das Bildungssystem nicht in den Weg stellen. Stattdessen gilt es, den ohnehin stattfindenden gesellschaftlichen Fortschritt (und die damit verbundene Ungleichheitsreduzierung) durch entsprechende Bildungsbemühungen zu unterstützen.

4.1 Historisches Beispiel

Der Gedanke des Fortschrittsglaubens ist ein klassisches Motiv der Aufklärung. In Bezug auf Bildung wird dieses Bild in den Werken von Friedrich E. D. Schleiermacher entwickelt.

Friedrich Ernst Daniel Schleiermacher (1768–1834) war ein deutscher Theologe, Philosoph, Pädagoge und Universalgelehrter. Geboren wurde Schleiermacher 1768 als Sohn eines Militärseelsorgers in Breslau (vgl. Stumpf 2007: 65). Nach einer Ausbildung zum Prediger am Pädagogium zu Niesky (Herrnhuther Brüdergemeinde) beendete er seine Studien an der Universität Halle. Dort wurde er auch als Professor für Theologie berufen. Nach Schließung der Universität Halle durch Napoleon ging er nach Berlin und wirkte zunächst als Prediger, bevor er 1810 von Wilhelm von Humboldt in die Gründungskommission der Berliner Humboldt-Universität berufen wurde (vgl. Stumpf 2007: 67). In der Berliner Zeit schloss er sich der „Preußischen Patriotenbewegung“ an, die einen Aufstand gegen Napoleon plante. Schleiermachers pädagogische Überlegungen waren eher ein Nebenprodukt seiner umfassenden Lehrtätigkeit. Bedeutsam für die heutige Erziehungswissenschaft sind u. a. seine Überlegungen zum Verhältnis der Generationen und dessen pädagogische Konsequenzen, auf das auch in den folgenden Ausführungen dieses Buches eingegangen wird. Schleiermacher hinterlässt ein umfassendes Gesamtwerk, zu dem auch eine fünfbändige Übersetzung Platons zählt. Ein großer Teil seiner Texte sind Verschriftlichungen von Vorträgen, in denen er seine Gedanken entwickelte. Dazu zählen auch die unten zitierten Vorlesungen zur Pädagogik (1826), die Schleiermacher an der Universität zu Berlin hielt und die als „Markstein" (Reble) für die Entwicklung der modernen Pädagogik als Wissenschaft gelten (vgl. Fuchs 2009: 406).

Das Ziel Schleiermachers ist eine der menschlichen Natur entsprechende, ethisch-moralische Vervollkommnung der Gesellschaft. Dies verdeutlicht er, indem er sich in seinen Ausführungen des Vergleichs zwischen verschiedenen Gesellschaftsformen bedient, um seine Hypothese eines linearen historischen Fortschritts zu belegen. Überlegen sind demnach diejenigen Völker, bei denen die persönlichen Eigenschaften jedes Einzelnen entwickelt werden können und bei denen trotz dieser individuellen Entwicklung gleichzeitig die moralischen Werte der Gesellschaft im Blick behalten werden (vgl. Schleiermacher 2009: 273).

Bereits am Anfang seiner Vorlesungen zu den Grundzügen der Erziehung beschreibt Schleiermacher die Notwendigkeit der Erziehung für den Fortschritt der Menschheit. Dies macht er an der Beziehung zwischen den Generationen fest (vgl. Schleiermacher 2000: 9). Aufgabe der älteren Generation sei es, den einmal erreichten zivilisatorischen Stand zu erhalten und an die jüngere Generation zu vermitteln. Würde eine gezielte erzieherische Einwirkung fehlen, so müsste jede Generation von vorne anfangen „und es könnte von der Entwicklung des Menschengeschlechts keine Rede sein" (Schleiermacher 2000: 12).

Schleiermacher fragt sich dabei auch, wie mit der real bestehenden Ungleichheit zwischen den Menschen im Bildungssystem umzugehen sei. Um darauf eine passende Antwort geben zu können, müsse man sich fragen, ob die Ungleichheit zwischen den Menschen schichtspezifisch angestammt sei (also vererbt) oder ob jeder Mensch über eine ganz „persönliche", also individuelle Begabung verfüge, unabhängig von den Begabungen seiner Eltern (in diesem Falle wäre die bestehende Ungleichheit sozial bedingt). Mit diesen beiden Positionen setzt Schleiermacher sich folgendermaßen auseinander:

These: Würde man davon ausgehen, dass die Ungleichheit zwischen den Menschen angestammt (d. h. vererbt) sei, dann würde dies zugleich implizieren, dass die oberen gesellschaftlichen Schichten aufgrund ihrer Abstammung immer auch mit den besten Anlagen ausgestattet wären. Würde sich das Bildungssystem jedoch nur auf diese Gesellschaftskreise fokussieren, so entstünde ein noch größeres gesellschaftliches Ungleichgewicht als bisher. Die Begünstigten wären noch mehr begünstigt und der Rest der Bevölkerung würde immer weiter abgehängt. In diesem Fall drohe eine Revolution der nun vollends Abgehängten, die es zu verhindern gelte.

Antithese: Würde man stattdessen von der Maxime ausgehen, dass die Begabung individuell sei (d. h. unabhängig von der sozialen Herkunft), dann würde dies bedeuten, dass es in allen sozialen Schichten gleichermaßen begabte und weniger begabte Kinder gibt. In diesem Fall müssten alle Menschen unabhängig vom Bildungsstand ihrer Eltern umfangreich gebildet werden, um Begabungen erkennen und damit auch fördern zu können (vgl. Schleiermacher 2000: 46f.).

Synthese: Schleiermacher stellt hinsichtlich dieser beiden Arten der Ungleichheit fest, dass es letztlich nicht möglich sei zu bestimmen, welche der beiden Thesen zutrifft. Daher gelte es, eine Herangehensweise zu wählen, die in beiden Fällen (die Ungleichheit dürfte sowohl angestammt als auch persönlich sein) angebracht wäre. Hier entwickelt er folgende Argumentation:

Da sich im Laufe der Menschheitsgeschichte gezeigt habe, dass sich die Ungleichheit zwischen den Menschen einem natürlichen Vorgang gleichend immer weiter verringert hat, sei davon auszugehen, dass sich darin ein allgemeines Fortschrittsprinzip zeigt. Legt man dieses historisch verallgemeinerbare, natürliche Prinzip zugrunde, so sei auch für den Fall, dass die Ungleichheit unter den Menschen angestammt ist, dafür zu plädieren, die Ungleichheit im Staat mittels Erziehung allmählich abzubauen.

> Denn es wäre frevelhaft, die Erziehung so anzuordnen, daß die Ungleichheit absichtlich und gewaltsam festgehalten wird auf dem Punkt, auf welchem sie steht. Dies würde eine Hemmung der menschlichen Natur verraten. Was aber der Fortschreitung der menschlichen Natur entgegenwirkt, das streitet auch gegen die Idee des Guten (Schleiermacher 2000: 46).

Allgemeiner gesagt: Es liegt in der Natur einer jeden Gesellschaft, dass sich Ungleichheit im Laufe der Jahrhunderte reduziert. Von daher ist es nicht gut, mit gesellschaftlichen Institutionen (z. B. Schule) eine Struktur zu schaffen, die Ungleichheit eher verstärkt und damit dem Fortschritt der Gesellschaft entgegenwirkt. Solange die Ungleichheit nicht eindeutig zu erkennen sei, müssten in der Erziehung alle gleichbehandelt werden, eine Trennung könne erst dann erfolgen, wenn die Ungleichheit zweifelsfrei zu erkennen sei (vgl. Schleiermacher 1996: 283). Sinnvoll sei daher eine Bildung in zwei Bildungsstufen, wobei in der ersten Stufe alle das Gleiche lernten und erst in der zweiten Stufe selektiert würde. Es dürfe jedoch nicht der Fehler begangen werden, zu früh zu selektieren, da man nie wissen könne, ob sich die Einen nicht lediglich etwas später als die Anderen entwickeln. Auch die Kinder der gesellschaftlich besser gestellten Eltern würden in dieses Prinzip einer gemeinsamen Schule integriert, denn ein zu dieser Zeit real praktizierter Privatunterricht für die Kinder der oberen Sozialgruppen würde dem Prinzip gesellschaftlichen Fortschritts entgegenwirken (vgl. Schleiermacher 2009: 284). Wenn die allgemeinbildenden Elementarschulen verbessert würden, dann wäre es nur angemessen, wenn auch die oberen Stände ihre Kinder dorthin schicken, anstatt sie im Privatunterricht zu bilden.

Letztlich kommt Schleiermacher für alle denkbaren Fälle und Voraussetzungen zu einem identischen Ergebnis:

> Die Erziehung soll in Beziehung auf die zu Erziehenden der inneren Kraft, die in ihnen sich entwickelt, zu Hilfe kommen; aber in Beziehung auf das, was infolge dieser Entwicklung bewirkt wird, die äußeren Verhältnisse gewähren lassen, so jedoch, daß diese, insofern sie charakterisiert sind als Zeichen der angestammten Ungleichheit, behandelt werden als das, was allmählich verschwinden soll (Schleiermacher 1996: 283).

Einfacher gesagt: Unabhängig davon, ob Begabungen schichtspezifisch vererbt werden oder nicht, muss die Erziehung für alle gleich sein, da nur so die Chance besteht, dass die potenziellen Anlagen aller auch gefördert werden. Wenn im Ergebnis dieses (gleichen) Bildungsprozesses doch schichtspezifisch unterschiedlich gute Leistungen zutage treten, so müsste man diese akzeptieren. Gleichzeitig muss jedoch auf das weitreichendere Ziel hingearbeitet werden, diese Ungleichheit zu reduzieren, da nur dies „dem Guten", d. h. der Weiterentwicklung der Gesellschaft insgesamt entspricht.

Neben der Ungleichheit gesellschaftlicher Schichten thematisiert Schleiermacher die Ungleichheit zwischen den Geschlechtern. Auch in diesem Falle ist er der Ansicht, dass diese zum Verschwinden gebracht werden müsse, da sie ohnehin im historischen Wandel geringer werde.

> [H]alten wir uns die allmähliche Entwicklung des menschlichen Geschlechtes vor, so finden wir auf der niedrigsten Stufe das Weib zurückgedrängt bis nahe an die Knechtschaft. Dagegen fast überall, wo

> eine höhere Bildung Eingang gefunden hat, nimmt die Ungleichheit ab (Schleiermacher 2000: 71).

Da die Natur selbst keine entsprechenden Grenzen setze, sollten Frauen gleichberechtigt gebildet werden und ihre persönlichen Anlagen entwickeln können (Schleiermacher 2000: 68ff.). Ihnen eine geringere Bildung zukommen zu lassen, würde auch hier den Fortschritt der gesellschaftlichen Entwicklung hemmen.

Gleiches gilt für den Unterschied zwischen Völkern oder Nationalitäten. Menschen jeder Herkunft sollen ihre persönlichen Anlagen ausbilden können, sodass eine Angleichung stattfindet (vgl. Schleiermacher 2000: 27f.; Schleiermacher 1996: 277f.). So seien zwar Unterschiede zwischen den Völkern auszumachen, unter allen Völkern und Nationen seien jedoch sowohl begabte als auch weniger begabte Menschen zu finden. Zur Vervollständigung einer Nation gehöre die Koexistenz verschiedenster Begabungen.

Zusammenfassend lässt sich festhalten, dass bezogen auf soziale Schicht, Geschlecht und Ethnizität/Rasse keine grundlegenden Begabungsunterschiede bestehen. In allen drei Kategorien gibt es gleichermaßen begabte und weniger begabte Menschen. Für alle gilt das gemeinsame Ziel der gesellschaftlichen Höherentwicklung, womit automatisch auch Ungleichheit reduziert wird.

4.2 Pädagogische und bildungspolitische Konsequenzen

Folgen wir der Logik dieses Bildes, müsste es das Ziel sein, dass jeder Mensch seine individuellen Anlagen so gut wie möglich zur Entfaltung bringen kann, dies aber immer vor dem Hintergrund eines allgemein verbindlichen Bildungssystems und -kanons. Die Pädagogik muss dabei als eine soziale Tätigkeit begriffen werden, deren Aufgabe es ist, den unabhängig von ihrem Wirken stattfindenden Fortschritt der Gesellschaft zu unterstützen.

Der Unterricht müsste möglichst lange für alle Schüler*innen gemeinsam erfolgen. Die Gemeinschaftsschule wäre die naheliegende Schulform für dieses Anliegen. Eine Elitenbildung, welche einzelne Personen herausgreift und sie als besonders förderungswürdig definiert, wäre diesem Bild zufolge abzulehnen. Auch eine frühe Selektion stünde im Widerspruch zu diesen Forderungen. Stattdessen müsste eine umfassende Bildung aller ermöglicht werden.

Ziel ist nicht der Erhalt einzelner Klassen oder Stände, sondern die stetige Vervollkommnung aller im Sinne eines allgemeinen gesellschaftlichen Fortschritts. Soziale Ungleichheit würde sich dann im Verlauf der Jahrhunderte weiter reduzieren bzw. völlig auflösen. Im Unterschied zu dem später dargestellten Bild „Bildungsmonopol“ ist also keine revolutionäre Umgestaltung der Gesellschaft erforderlich, um Ungleichheit zwischen den Menschen zu reduzieren. Vielmehr ist diese Reduktion das Ergebnis eines als natürlich angenommenen gesellschaftlichen Entwicklungsprozesses. Jenseits einer gemeinsamen Schule für alle sind keine weiteren bildungspolitischen Bemühungen erforderlich.

4.3 Aktuelle Beispiele

Die in den 1960/1970er Jahren in der alten Bundesrepublik erfolgte Bildungsexpansion ist Ausdruck der Modernisierung der Gesellschaft, da die moderne Gesellschaft weit mehr qualifizierte Personen benötigt als vormoderne Gesellschaften (vgl. Picht 1964). Flankiert wurden diese Entwicklungen von entsprechenden Bildungsreformen, die zum Ziel hatten, bisher ausgeschlossenen Personengruppen einen Zugang zu Bildung zu ermöglichen. Nach diesen Maßnahmen, so die damals weit verbreitete Annahme, würde sich soziale Selektivität im Bildungssystem mehr oder weniger von allein reduzieren. Der sogenannte „Pisa-Schock“ war gerade deshalb ein „Schock“, weil nicht damit gerechnet wurde, dass trotz dieser Maßnahmen und Entwicklungen in Deutschland eine derart hohe soziale Selektivität fortbesteht. Anstatt Reduzierung sozialer Ungleichheit wurde der sogenannte „Fahrstuhleffekt“ (Beck 1986) diagnostiziert. D. h., alle sozialen Schichten sind aufgrund der Modernisierung besser qualifiziert als die Elterngeneration, der Abstand zwischen den Schichten ist jedoch eher gleichgeblieben.

Nath (2000) hat die Entwicklung sozialer Ungleichheit über einen Zeitraum vom 18. bis zum 20. Jahrhundert verfolgt. Er kommt zu dem Schluss, dass in der Entwicklung des Bildungssystems Stagnationsphasen von Wachstumsphasen zu unterscheiden sind. Für die Wachstumsphasen stellt er eine gewisse Reduzierung sozialer Ungleichheit fest; während sich diese in Stagnationsphasen nicht weiter reduziert, allerdings auch „nicht wieder auf das Ausgangsniveau zurückführ[t], ein einmal erreichtes Bildungsbeteiligungsniveau also in etwa erhalten bleibt“ (Nath 2000: 79). Auf diese Weise kann er aufzeigen, dass es über drei Jahrhunderte durchaus zu einer Verbesserung der Chancen für Arbeiterkinder hinsichtlich des Zugangs zu weiterführender Bildung gekommen sei. Dies bestätigt eigentlich die von Schleiermacher unterstellte Annahme. Allerdings zeigt Nath auch auf, dass „die soziale Öffnung der Bildungsselektion ein sehr langfristiger, in konjunkturellen Phasen verlaufender, aber beharrlicher Prozess“ (Nath 2000: 83) ist. In diesem Sinne lässt sich die These Schleiermachers nicht eindeutig widerlegen. Wenn die Annahme Schleiermachers stimmt, heißt dies aber auch, dass der Fortschrittsprozess noch viele Jahrhunderte in Anspruch nehmen wird, denn die von Nath (2000) nachgewiesenen Verbesserungen bewegen sich in niedrigen Prozentbereichen.

4.4 Arbeitsfragen

1. Welche Grundthesen über die Ursachen der Ungleichheit von Menschen diskutiert Schleiermacher?
2. Wie unterscheidet sich Schleiermachers Begründung für eine Bildung aller von jener, die Comenius etwa 200 Jahre zuvor formuliert?
3. Lassen sich historische Gegenbeispiele für Schleiermachers Annahme einer stetigen Vervollkommnung der Menschheit finden?
4. Was würde Schleiermacher zum aktuell existierenden Bildungssystem in Deutschland sagen?

Schleiermacher: Grundzüge der Erziehungskunst

Aus: Schleiermacher, Friedrich (2000, zuerst 1826): Texte zur Pädagogik. Kommentierte Studienausgabe. Band 2. Herausgegeben von Michael Winkler und Jens Brachmann. Frankfurt am Main: Suhrkamp.

Zwei Fälle sind denkbar, wenn wir von der Voraussetzung einer allen äußerlichen Verhältnissen und der Erziehung vorangehenden Ungleichheit ausgehen. Die Ungleichheit nämlich kann angeboren sein, aber auf eine persönliche Weise; sie kann aber auch angeboren sein und zugleich angestammt. Der große Unterschied zwischen diesen beiden Fällen leuchtet schon ein, wenn man auch nur dieses erwägt, daß die Annahme, die angeborene Ungleichheit sei bloß persönlich, die Aufgabe hervorruft, die Verschiedenheit so bald als möglich zu erkennen. Die andere Voraussetzung dagegen macht es sich bequemer; denn sind die Differenzen angestammt, dann kennt man sie im voraus und weiß, daß Menschen aus dieser oder jener Klasse durch ihre Geburt schon zu einer niederen oder höheren Stelle bestimmt sind. Die Schwierigkeit in Beziehung auf die Theorie ist dann gehoben, und es kann von Anfang an eine Sonderung der zu Erziehenden, eine verschiedene Erziehung eintreten. – Es fragt sich, ob wir aus beiden Voraussetzungen nicht etwas Allgemeines entwickeln können, so daß die Voraussetzungen an sich als gleichgültig dann sich ergeben auf pädagogischem Gebiete. Die Pädagogik kann doch nicht physiologisch entscheiden über die eine oder andere Voraussetzung; wäre aber für jede Voraussetzung ein verschiedener Weg einzuschlagen, so wäre das noch eine größere Beschränkung der Allgemeingültigkeit unserer Theorie, weil die Theorie, begründet auf die Annahme einer angeborenen, nicht angestammten Ungleichheit, nicht in einem Gemeinwesen Geltung haben könnte, in welchem die andere Voraussetzung herrschend ist. Indem wir aus beiden Voraussetzungen heraus das Allgemeine zu entwickeln suchen, wollen wir jede für sich aufstellen. Zuerst –

angenommen die Ungleichheit sei angestammt

Wenn wir die Geschichte im allgemeinen betrachten, so finden wir häufig in kleineren und größeren Staaten einen Übergang von der Voraussetzung der Ungleichheit zur entgegengesetzten Voraussetzung der Gleichheit; aber immer diesen Übergang, nicht umgekehrt. Wohl hat auch das umgekehrte stattgefunden, daß aus der Gleichheit Ungleichheit hervorgegangen ist; das liegt aber jenseits der Geschichte. Und Übergang der Voraussetzung der Gleichheit in die der Ungleichheit ist es nicht, wenn ein kleiner tüchtiger Menschenstamm, der für sich zuerst gelebt hat, nun, entweder weil sein Wohnplatz ihm zu enge geworden ist, oder den Wohnsitz zu verlassen gedrängt, sich einen anderen sucht und einen fremden Stamm sich unterwirft. Sondern dieses ist Verbindung zweier angestammten Ungleichheiten. Fast überall beruht die Voraussetzung einer angestammten Ungleichheit auf einem solchen Grunde, auf der Verschmelzung zweier Völker mit verschiedenen Rechten. So lange nun eine solche Ungleichheit besteht, ist die Organisation des Staates und die ganze Erziehung auch auf diese Ungleichheit berechnet. Aber immer tritt später oder früher eine Zeit ein, in der diese Voraussetzung sich verliert und der Gegensatz allmählich sich ausgleicht. Eine solche Veränderung wird immer gegen den Willen des herrschenden Stammes geschehen; aber wenn sie dennoch erfolgt, so setzt das voraus, daß sie eben ein sehr starkes natürliches Fundament haben muß. Dies deutet darauf hin, daß auch hier ein bedeutendes Gewicht des geistigen Prinzips über die Natur sich zu erkennen gibt. Durch das geistige Prinzip sind die beiden der Abstammung nach im Staate Ungleichen eins geworden. Die Identität des geistigen Prinzips trägt den Sieg davon über die natürlichen Differenzen. – Wenn wir bedenken, was für Reibungen aus diesem Prozeß in dem Staate entstehen, ehe er auf diese Weise sich vervollkommnet, und wie viel zerstörtes Leben dazwischen tritt, ehe eine solche Umbildung sich wirklich ergeben kann, so wird jeder gestehen, es sei von Wichtigkeit, ein Verfahren zu wählen, durch welches die Perturbationen vermieden werden und die Umbildung ohne Widerstreben allmählich zustande kommt. [...] Dazu kommt noch eine andere Erscheinung. Wenn der Staat von der Voraussetzung der angestammten Ungleichheit ausgeht, so erregt dies bei den dadurch Begünstigten Gefallen, und diese geraten leicht in den Wahn, daß die Erziehung bei ihnen weniger zu tun habe, und daß alles aus der angestammten Vortrefflichkeit herkomme. Freilich entsteht dann die Notwendigkeit, daß der Staat zuletzt die größere Tüchtigkeit da nehme, wo er sie findet; und dadurch gerät er mit sich selbst in Widerspruch. Dieser Wiederspruch [sic!] gibt dann dem ganzen Staate und dem bürgerlichen Leben mehr oder weniger einen revolutionären oder anarchischen Charakter. Soll dieses nun vermieden werden, so kommt alles darauf an, wieviel Spielraum man der öffentlichen Erziehung gibt, und wie von Anfang an die Ungleichheit behandelt wird. Denkt man sich, daß in einem solchen Staate, der aus ungleichen Elementen zusammengewachsen ist, von vornherein nach dem Kanon, die Ungleichheit solle so behandelt werden, daß sie allmählich verschwinde, verfahren würde, so würden jene Reibungen nicht eintreten können. Die Lösung einer großen politischen Aufgabe liegt in nichts anderem als der richtigen Organisation der Erziehung; alles Revolutionäre aber in der unrichtigen Organisation derselben. So tritt uns hier nicht allein wiederum die hohe politische Wichtigkeit der Pädagogik entgegen; sondern wir haben uns auch überzeugt, daß bei Voraussetzung der angestammten Ungleichheit doch als allgemeingültiges Resultat dieses sich ergibt, die Ungleichheit könne durch das geistige Prinzip besiegt werden, und sie solle aufhören, um nicht revolutionäre Zustände hervorzurufen.

[...]

Zweitens, angenommen die Ungleichheit sei persönlich angeboren

Gehen wir von dem anderen Fall aus, von einer bloß persönlich angeborenen Ungleichheit, und beachten hier, daß die Erziehung weder den natürlichen Einwirkungen der äußeren Verhältnisse, noch der inneren Kraft in den einzelnen entgegenarbeiten dürfe, sondern sich mit diesem allen in Harmonie zu setzen habe, damit ein jeder werde, was er könne: so ist wohl leicht einzusehen, daß alle Ungleichheit, welche im gemeinsamen Leben besteht, insoweit nicht durch die Erziehung hinwegzuschaffen sein wird, als sie die Folge persönlich angeborener Verschiedenheit ist und eine Differenz geistiger Kraft voraussetzt; was aber im Staate besteht als Wirkung der noch fortdauernden angestammten Ungleichheit, das ist für die Erziehung nur ein solches äußeres Verhältnis, das verschwinden soll. Dies kann aber nur geschehen infolge der inneren Kraft, welche sich auch in den einzelnen entwickelt, die zu der niederen Klasse gehören.

Auf diese Weise sind wir der physiologischen Untersuchung über die Wahrheit der einen oder anderen Voraussetzung überhoben und haben wirklich für alle diese Fälle und Voraussetzungen etwas Allgemeines gefunden, so daß unser Kanon für beide Voraussetzungen der Gleichheit und Ungleichheit und zwar angestammter oder persönlich angeborener Ungleichheit berechnet, also lautet: Die Erziehung soll in Beziehung auf die zu Erziehenden der inneren Kraft, die in ihnen sich entwickelt, zu Hilfe kommen; aber in Beziehung auf das, was infolge dieser Entwicklung bewirkt wird, die äußeren Verhältnisse gewähren lassen, so jedoch, daß diese, insofern sie charakterisiert sind als Zeichen der angestammten Ungleichheit, behandelt werden als das, was allmählich verschwinden soll. Wenn wir von dem Faktum ausgehen, daß die Ungleichheit der Menschen in dieser Beziehung, d. h. in der intellektuellen Kapazität verschwindet, sobald die verschiedenen Klassen der Gesellschaft in Berührung kommen, so ist der von uns aufgestellte Kanon moralisch notwendig. Denn es wäre frevelhaft, die Erziehung so anzuordnen, daß die Ungleichheit absichtlich und gewaltsam festgehalten wird auf dem Punkt, auf welchem sie steht. Dies würde eine Hemmung der menschlichen Natur verraten. Was aber der Fortschreitung der menschlichen Natur entgegenwirkt, das streitet auch gegen die Idee des Guten.

[...]

Endlich müssen wir noch fragen: Ist das etwas Wesentliches und Naturgemäßes, daß das weibliche Geschlecht in der bürgerlichen Gesellschaft zurücktritt, oder ist dieses zufällig und willkürlich? Die Frage ist nicht leicht zu beantworten. Nicht nur neuerdings, sondern von Anfang an hat auch die Ansicht, die unserer Sitte und Verfassung entgegensteht, ihre beredten Verteidiger gefunden. Eigentlich liegt die Frage außer unserer Grenzen. Da wir aber schon dem Resultate, das aus einer entgegengesetzten Lage der Dinge hervorgeht, so nahe getreten sind, so können wir uns kaum enthalten, den Versuch zu machen, wie weit sich die Sache lösen läßt.

Wir haben zwei große Erscheinungen zu betrachten. Das eine ist eine Naturbasis, die Bestimmung des weiblichen Geschlechts rücksichtlich der Fortpflanzung. Die Schwangerschaft, das Gebären, die erste Ernährung macht ein partielles Zurücktreten aus dem öffentlichen Leben notwendig. So ist denn allerdings das öffentliche Leben des weiblichen Geschlechts durch die Natur schon in gewissem Maße begrenzt.

Das zweite ist eine geschichtliche Erscheinung. Gehen wir auf frühere Zustände zurück, und halten wir uns die allmähliche Entwicklung des menschlichen Geschlechtes vor, so finden wir auf der niedrigsten Kulturstufe das Weib zurückgedrängt bis nahe an Knechtschaft. Dagegen fast überall, wo eine höhere Bildung Eingang gefunden hat, nimmt die Ungleichheit ab. Solange daher die Kultur fortschreitet, müssen wir es natürlich und notwendig finden, daß die Ungleichheit und das Zurücktreten des weiblichen Geschlechtes im Abnehmen sein werde. Wir können keine andere notwendige Grenze setzen, als die von der Natur selbst bestimmte. Dann ist also das verschiedene Verhältnis des weiblichen Geschlechtes zum öffentlichen Leben anzusehen teils als auf einem nationellen Grund ruhend, teils als einen verschiedenen Zustand der Bildung anzeigend.

5. Meritokratie: Bildungserfolg als Ergebnis individueller Begabung und Leistung

Ein weiteres Bild lässt sich als „Meritokratie“ (von lat. „meritum“, das Verdienst) bezeichnen. Dieses Bild findet seinen prononciertesten Ausdruck im so genannten „American Dream“. Damit ist die Vorstellung verbunden, dass allen Bürger*innen der Vereinigten Staaten die Chance gegeben ist, erfolgreich zu sein, sofern sie sich anstrengen und hart arbeiten (vgl. Hochschild 2001: 35). Dies gilt unabhängig von sozialer Herkunft, Geschlecht, Rasse u. a. Sprichwörtlich wird dieser Gedanke im Ausdruck „Vom Tellerwäscher zum Millionär“ verdeutlicht. Umgekehrt ließe sich daraus auch schlussfolgern, dass diejenigen, die es nicht schaffen Millionär zu werden, sich lediglich nicht genug angestrengt haben: „Equal opportunity to become unequal, to succeed (or fail) because of what one does, not who one is, is a central part of the American dream“ (ebd.).

Für die Verwirklichung des American Dream spielt Bildung heute eine große Rolle, sind doch leitende Funktionen und die damit verbundenen besseren Verdienstmöglichkeiten zentral an Bildung gebunden. Die Realität der amerikanischen Gesellschaft zeigt jedoch auf, dass es sich hier tatsächlich nur um einen „Traum“ handelt, denn auch die amerikanische Gesellschaft ist durch eine starke soziale Segregation gekennzeichnet (z. B. Blossfeld/Shavit 1993). Nichtsdestotrotz ist „der Glaube an einen meritokratischen, herkunftsunabhängigen Zugang zu Bildung in westlichen Gesellschaften ungebrochen“ (Solga 2013: 21). Der meritokratische Diskurs entwickelt sich als Legitimationsdiskurs in modernen Gesellschaften, „in denen eine gleichberechtigte Integration aller Gesellschaftsmitglieder zum demokratischen Grundverständnis gehört und Ungleichheit somit nicht mehr über ‚Blut‘ und ‚Herkunft‘ legitimierbar ist“ (Solga 2013: 20). Wenn also Gesellschaften, die theoretisch gleiche Chancen für alle Menschen postulieren, real Ungleichheit produzieren, entsteht hier ein legitimatorisches Problem, für das es zwei potenzielle Lösungsmöglichkeiten gibt: 1) Die Gesellschaft muss daran arbeiten, die real bestehende Ungleichheit soweit möglich zu reduzieren oder 2) sie muss theoretisch begründen, warum weiterbestehende Ungleichheiten gerecht sind. Für letzteres dient der meritokratische Begründungszusammenhang (vgl. Solga 2013).

5.1 Historisches Beispiel

Der meritokratische Grundgedanke wird bereits in der amerikanischen Unabhängigkeitserklärung (4. Juli 1776) formuliert. Dort heißt es:

> Wir halten diese Wahrheiten für ausgemacht, dass alle Menschen gleich erschaffen worden, dass sie von ihrem Schöpfer mit gewissen unveräußerlichen Rechten begabt worden, worunter sind Leben, Freiheit und das Bestreben nach Glückseligkeit.[5]

Diese in der amerikanischen Unabhängigkeitserklärung postulierte Gleichheit der Menschen ist die Grundlage für den als „amerikanischer Traum“ bezeichneten Grundgedanken, dass jeder/jede potenziell auch die gleichen Chancen hat, in der Gesellschaft voranzukommen. Dafür ist er jedoch selbst verantwortlich, denn dieses Vorankommen in der Gesellschaft muss individuell erarbeitet werden. Fehlender beruflicher, finanzieller und sozialer Erfolg ist damit selbst verschuldet und Ergebnis einer fehlenden Leistung.

Die eigene Leistung steht auch im Zusammenhang mit den eigenen Bildungsanstrengungen, wie es Franklin als einer der Väter der Unabhängigkeitserklärung an anderer Stelle formuliert:

> In Europe the Encouragements to Learning are of themselves much greater than can be given here [in America, Anm. d. Verf.]. Whoever distinguishes himself there, in either of the three learned Professions, gains Fame, and often Wealth and Power: A poor Man's Son has a Chance, if he studies hard, to rise, either in the Law or the Church, to gainful Offices or Benefices; to an extraordinary Pitch of Grandeur; to have a Voice in Parliament, a Seat among the Peers; as a Statesman or first Minister to govern Nations, and even to mix his Blood with Princes (Franklin 1747: 2).

In diesem Zitat wird deutlich, wie zentral Bildung dafür ist, in der Gesellschaft aufzusteigen. Über Bildung und Anstrengung ist es möglich, eine komplette Neupositionierung in der Gesellschaft zu erreichen.

In der amerikanischen Unabhängigkeitserklärung werden keine Aussagen über natürliche Begabungsunterschiede getroffen. Innerhalb des meritokratischen Diskurses wird dieser Aspekt aber durchaus noch differenzierter diskutiert, wie beispielsweise in dem dystopischen Essay „The Rise of the Meritocracy“ (1958) von Michael Young.

5 https://de.wikisource.org/wiki/Unabhängigkeitserklärung_der_Vereinigten_Staaten_von_Amerika

Michael Young (1915–2002) war ein britischer Soziologe und Politiker. Er studierte Wirtschaftswissenschaften an der London School of Economics und war für die Labour Party tätig. Bei „The Rise of the Meritocracy" (1961) handelt es sich eigentlich um eine Satire. Darin wird der Begriff Meritokratie erstmals benutzt – allerdings in einem negativen Sinne. Young distanzierte sich später von der veränderten positiven Bedeutung des Begriffs (vgl. Young 1994).

Young entwirft in seinem Essay eine satirische Zukunftsvision für das Jahr 2034, in dem sich Großbritannien zu einer Gesellschaft entwickelt hat, in der sich die Stellung eines Menschen ausschließlich nach seiner Leistung bemisst. Die Auswahl der Begabten erfolgt bereits in den Elementarschulen, um daraufhin vor allem die leistungsstärkeren Schüler*innen an den Gymnasien zu fördern (vgl. Young 1961: 80). Große Bedeutung kommt den Psycholog*innen zu, so Young (1961: 92), die eine Auswahl der geeigneten Schüler*innen vorzunehmen haben. Um den Einfluss der sozialen Herkunft zu verringern, wird zudem ein „Schülerlohn" an die besonders leistungsstarken Gymnasiast*innen und später auch eine Art Gehalt an die Studierenden an den Universitäten gezahlt (vgl. Young 1961: 76).

Auch nach dem Durchlaufen des Bildungssystems ist der Leistungswert (Lw) eines Menschen entscheidend für seine soziale Position. In Youngs Zukunftsvision wird dieser durch die Summe der Intelligenz eines Menschen und dessen Einsatz berechnet. Begabung alleine reicht demnach nicht aus, um gesellschaftlich erfolgreich zu sein. „Intelligenz und Einsatz der Persönlichkeit ergeben erst zusammen den Leistungswert (I + E = Lw). Ein träges Genie gibt es nicht" (Young 1961: 127). Ebenso wie sich die Intelligenz eines Menschen an dessen IQ bemisst und dadurch quantifiziert werden könne, wird in der hier entworfenen Gesellschaft ständig daran gearbeitet, die Methoden der Erfassung des persönlichen Einsatzes über Kriterien wie Arbeitszeit und Bewegung zu verfeinern (vgl. Young 1961: 127). Dabei ist es auch möglich sich im späteren Leben im Abstand von fünf Jahren erneut testen zu lassen und so die gesellschaftliche Position zu verändern (vgl. Young 1961: 148).

Youngs vermeintlich utopischer Entwurf verkehrt sich jedoch letztlich ins Negative, da die Kluft zwischen den Klassen in der von ihm beschriebenen Leistungsgesellschaft immer größer wird. Zuvor gab es zwar durchaus Klassenunterschiede, diese waren jedoch nicht derart gravierend. „Gescheite und Dumme, Scharfsinnige und Stumpfsinnige gab es in allen sozialen Schichten, und das bedeutete: Es gab noch Berührungspunkte zwischen den Schichten!"

(Young 1961: 144). In der vollends meritokratisch organisierten Gesellschaft jedoch zeigen die Eliten kaum noch Empathie für Menschen, die in der Leistungshierarchie unter ihnen stehen (vgl. Young 1961: 145). „Die neue Gesellschaftsordnung hat also die Trennung zwischen den Klassen gegenüber früher verschärft; der Status der oberen Schichten ist höher, der der unteren niedriger als einst“ (Young 1961: 166). Da nur noch Menschen mit einem ähnlich hohen Leistungswert miteinander verkehren, würde sich Elite auch zunehmend vererben. Verschärft werde dies noch dadurch, dass die Methoden der Intelligenzprognose immer besser würden, sodass zukünftig immer früher und möglicherweise schon vor der Geburt eine Selektion der Kinder vorgenommen werden könne (vgl. Young 1961: 245f.). Am Ende des Essays wird eine Revolte beschrieben, die von den Frauen führender gesellschaftlicher Eliten angeführt wird und den Niedergang der meritokratischen Gesellschaftsordnung einläutet.

Obwohl es sich demnach zunächst um ein abschreckendes Beispiel für eine Gesellschaft handelte, die ausschließlich nach Leistung bewertet, verselbständigte sich der Begriff der Meritokratie schließlich und wurde beispielsweise von Tony Blair als Sinnbild einer leistungsgerechten Gesellschaft verwendet, wie Young selbst kritisiert:

> I coined a word which has gone into general circulation, especially in the United States, and most recently found a prominent place in the speeches of Mr Blair. [...] Much that was predicted has already come about. It is highly unlikely the prime minister has read the book, but he has caught on to the word without realizing the dangers of what he is advocating (Young 2001).

Deutlich wird hier, dass Young selbst die Verselbständigung des Terminus Meritokratie in den USA und in Großbritannien kritisch beurteilt. Anstatt die Gefahren einer rein nach Leistung bewertenden Gesellschaft zu sehen, werde die Meritokratie als Ideal einer leistungsgerechten Gesellschaft propagiert. Diese Ideologie der Leistungsgesellschaft verdecke aber lediglich, dass sich die Eliten nach wie vor selbst reproduzieren und bestärkt sie in dem beruhigenden Glauben, dass ihre Privilegien allein das Ergebnis ihrer Leistung seien (vgl. Young 2001).

Der Gedanke an eine Selektion anhand des natürlichen Talents erinnert zunächst an die Konzeption Platons (beschrieben im Bild *Eliteförderung*). Im Unterschied zu Platon, bei dem die Unterschiede zwischen den Menschen *ausschließlich* auf ihrer biologischen Grundausstattung basieren, kommt im meritokratischen Denken aber noch der Aspekt der eigenen Anstrengung hinzu.

Das heißt, die Begabung allein reicht nicht aus, um erfolgreich zu sein, sondern Menschen müssen diese Begabungen auch nutzen und entwickeln. Der zweite Unterschied zum Bild *Eliteförderung* besteht darin, dass für Platon die Ungleichheit der Gesellschaft an und für sich kein Problem darstellte. Es ging lediglich darum, dass die geeignetsten Personen an den richtigen, ungleichen Stellen der Gesellschaft positioniert werden. Im Gegensatz dazu ist im Bild Meritokratie die Ungleichheit das Ergebnis unterschiedlicher Leistungen auf der Basis gleicher Ausgangsbedingungen.

5.2 Pädagogische und bildungspolitische Konsequenzen

Geht man von der leistungsorientierten Prämisse der Meritokratie aus, so bedeutet dies, dass ein Schulsystem eigentlich zunächst für alle gleichermaßen offen sein muss. Die Konsequenz wäre hier eine Grundschule, in die alle Kinder unabhängig von sozialen Faktoren gehen und in der auch alle gleichermaßen gefördert werden. Eine gemeinsame Schule deshalb, da davon ausgegangen wird, dass Leistung nicht notwendigerweise mit der sozialen Herkunft korrespondiert, d. h. ein formaler Gleichheitsbegriff zugrunde gelegt wird. Eine gemeinsame Schule ist von daher erforderlich, um allen potenziell die gleiche Ausgangsposition zu geben. Jedes Kind hat in diesem Denken die identischen Chancen.

Die Hauptaufgabe einer gemeinsamen Grundschule ist jedoch auch das Erkennen der Leistungsunterschiede der einzelnen Schüler*innen. Diejenigen, die leistungsbereiter sind, werden im Schulsystem weiter aufsteigen; die weniger Leistungsbereiten werden auf weniger attraktive Schulen wechseln bzw. diese früher verlassen. Lehrkräfte müssten an den Leistungswillen der Kinder (möglicherweise auch den Unterstützungswillen der Eltern) appellieren. Kompensatorische Angebote für leistungsschwächere Schüler sind hingegen nicht vorgesehen und wären sogar kontraproduktiv. Zu einem Zeitpunkt, an dem leistungsbereite Schüler*innen erkannt werden können, müsste die gemeinsame Beschulung beendet werden und ein differenziertes Schulsystem zur Verfügung stehen, das die leistungswilligen Schüler*innen in Schulen überführt, in denen sie besonders gefördert werden. Es ist auch klar, dass gerade diese Schulen besonders gut ausgestattet sein müssten. Leistungsunwillige Schüler*innen dürften nicht in diese Schulen gehen, da sie die leistungswilligen Schüler*innen zurückhalten und behindern würden. Für leistungsunwillige Schüler*innen ständen dann weniger gut ausgestattete Schulen zur Verfügung.

Wenn in weiterführenden Bildungseinrichtungen häufiger die Kinder aus oberen Sozialschichten stärker vertreten sind als Kinder aus unteren Sozialschichten, so ist dies kein Problem, sondern Ausdruck des größeren Leistungswillens der Kinder der oberen Sozialschichten. Kinder unterer Sozialschichten hätten dieselben Chancen gehabt, haben diese aber nicht ausreichend genutzt. In diesem Sinne sind die Unterschiede auch gerecht, denn die, die es ‚nicht geschafft' haben, sind selbst schuld an ihrem Schicksal.

5.3 Aktuelle Beispiele

Anders als es Young beabsichtigt hatte, wurde seine warnende Zukunftsvision gerade von Fürsprecher*innen einer meritokratischen Gesellschaftsordnung aufgegriffen (vgl. Young 1994). Dabei stützte man sich insbesondere auf strukturfunktionalistische Ansätze, denen zufolge eine funktionale Notwendigkeit gesellschaftlicher Schichtung und ungleicher Entlohnung bestehe (Davis/ Moore 1973; Parsons 1972). So wurde beispielsweise der Mythos einer „education-based meritocracy" propagiert, in der die Bedeutung der Klassenherkunft für die soziale Position immer stärker durch individuelle Bildungserfolge ersetzt wird (vgl. Goldthorpe 2003). Auch wurde die Hypothese aufgestellt, dass die postindustrielle Gesellschaft ihrer Grundlogik nach eine meritokratische sei, da ihre zentralen Institutionen nach technischem Können und hoher Bildung verlangen. In ihr erfülle sich das Leitprinzip des klassischen Liberalismus, dass das Individuum und nicht die Familie oder der Staat die Grundeinheit der Gesellschaft sei und dass es dem Einzelnen ermöglicht werden müsse eine zu seinen Talenten passende soziale Position einzunehmen (vgl. Bell 1972: 40f.).

Doch nicht nur im wissenschaftlichen Diskurs fiel der meritokratische Grundgedanke auf fruchtbaren Boden. Beispielhaft kann hier auf ein Wahlprogramm der liberal ausgerichteten FDP verwiesen werden. Dort wurde formuliert:

> In einer Welt der Veränderungen gibt es keine Ressource, die wertvoller wäre als Bildung. Sie befähigt die Menschen, auch in einer komplexen Umwelt selbstbestimmt ihren Weg zu gehen. Bildung ist die Chance zum sozialen Aufstieg. Wichtig ist, was ein Mensch kann. Unwichtig wird, in welches Elternhaus er geboren wurde (FDP 2017: 21).

Auch hier wird wieder der hohe Stellenwert von Bildung sichtbar, die der Weg zum sozialen Aufstieg ist. Soziale Herkunft (Elternhaus) spielt keine Rolle, sondern allein entscheidend ist, „was ein Mensch kann“, also die individuelle Leistung. Ungeklärt bleibt allerdings, woran sich bemisst, was ein Mensch kann und wie den Fähigen zu ihrem Recht verholfen werden soll. Auch wird keine Verbindung zwischen dem Aufwachsen in einem Elternhaus und dem dort möglicherweise erworbenen Bildungsvorsprung gezogen.

Auch in Zeitschriften lassen sich viele Beiträge finden, die von einem meritokratischem Grundverständnis ausgehen. So schreibt beispielsweise Jan Fleischhauer in „Der Spiegel“:

> Alle sozialstaatliche Intervention fußt auf dem Vertrauen, dass es die Verhältnisse sind, die Menschen zurückhalten, ihr Potenzial zu entwickeln, nicht Unwillen oder Unvermögen. Die Menschen würden gerne, aber sie können nicht, weil finanzielle Nöte sie hindern: Das ist das sozialdemokratische Mantra. Also muss man nur ihr finanzielles Schicksal lindern, und die Bildung stellt sich ein. Aber was, wenn es nicht am Geld mangelt, sondern an der Einsicht, dass Bildung etwas Wertvolles ist? [...] Dass der Arme manchmal vielleicht auch deshalb arm ist, weil er faul ist oder vom Alkohol verblödet, ist ein Gedanke, der in unserer auf sozialen Ausgleich bedachten Gesellschaft als so anstößig gilt, dass er nicht zugelassen werden darf (Fleischhauer 2017).

In dieser Perspektive erfolgt eine klare Abgrenzung von Ansätzen, die die gesellschaftliche Bedingtheit von Bildung betonen (vgl. Kapitel *Bildungsmonopol*). Die Soziallage wäre potenziell über Bildung immer zu verbessern, diese Chance wird aber nicht ausreichend genutzt. Im Umkehrschluss heißt dies auch: Über einen entsprechenden Leistungswillen hätte jeder und jede gleichermaßen einen Aufstieg schaffen können. Die Initiative, einen solchen Weg zu beschreiten, muss der Mensch selbst ergreifen. Im Unterschied zu den oben dargestellten wissenschaftlichen Auseinandersetzungen um Meritokratie wird eine mögliche unterschiedliche Begabung und Ausgangslage überhaupt nicht mitgedacht. D. h., es wird wieder ganz der Logik des *American Dream* gefolgt – jeder könne seines Glückes Schmied sein. Mit welcher Selbstverständlichkeit in der Logik der Meritokratie argumentiert wird, zeigt sich etwa dann, wenn Politiker*innen wie Donald Trump sich als „selfmade men“ präsentieren und damit den Einfluss ihrer privilegierten Herkunft ignorieren.[6]

6 Nachzulesen in einem Artikel der New York Times von Barstow, Craig und Buettner (2018): https://www.nytimes.com/interactive/2018/10/02/us/politics/donald-trump-tax-schemes-fred-trump.html [Letzter Zugriff 02.09.2019].

5.4 Arbeitsfragen

1. Folgt man diesem Ansatz, inwiefern spielen die Strukturen des Bildungssystems für die Verteilung von Bildungschancen eine Rolle?
2. Welche Gemeinsamkeiten und Unterschiede lassen sich zwischen dem Bild *Meritokratie* und dem Bild *Eliteförderung* ausmachen?
3. Was würde der meritokratische Ansatz zu einer Gemeinschaftsschule (1.–12. Klasse) sagen?
4. Welche Argumente lassen sich gegen eine meritokratische Organisation der Gesellschaft vorbringen?
5. Wie würde der meritokratische Ansatz die aktuelle Situation im Bildungssystem Deutschlands erklären?

Young: Meritokratie

Aus: Young, Michael (1961): Es lebe die Ungleichheit. Auf dem Wege zur Meritokratie. Düsseldorf: Econ (engl. Original „The Rise of Meritocracy", 1958).

Die Leistungsbewertung macht Fortschritte

Der Hauptgrund für den Umschwung im geistigen Klima ist vielleicht der, daß der Leistungswert immer besser meßbar wurde. In der „guten alten Zeit" hatte das Altersprinzip einen glänzenden Vorteil: Es bot einen objektiven Maßstab, wenn er auch bedeutungslos war; der Leistungswert hingegen, so wichtig er ist, war immer noch subjektiv als Kriterium. Es war praktisch lange Zeit so, daß die Behauptung, jemand sei ein „tüchtiger, verdienter Mann", nur der Gevatternwirtschaft diente. Als guter Familienvater sorgte man natürlich dafür, daß alle, die zur Verwandtschaft und Freundschaft gehörten, es möglichst weit brachten. „Er verdient es ja!" und „Ehre, wem Ehre gebührt!" sagte dazu der Vater, und alle, sogar er selbst, waren felsenfest davon überzeugt. Es war natürlich in die eigene Tasche gelogen, und die Außenstehenden ließen sich kein X für ein U vormachen. Besonders die Gewerkschaften witterten sofort Morgenluft, wenn da ein Vater alles in einer Person war: Vorsitzender des Personalamtes und beratender Psychologe. Ihr Mißtrauen war dann berechtigt: Man hatte wieder einmal einen Außenseiter in eine Planstelle geschmuggelt, und das Beförderungssystem war gestört. Kein Wunder, daß sie das Dienstaltersystem vorzogen; es war wenigstens um eine Schattierung besser als die offene Gevatternwirtschaft. Da konnten dann auch alle Leute sehen, ob bei dieser besonderen Auffassung von Fairneß das Recht die Oberhand behielt oder nicht. Wurde nun in irgendeiner Besoldungsgruppe ein Mann von dreißig einem Vierzigjährigen vorgezogen oder ein Mann mit zehn Jahren Berufserfahrung einem Kollegen mit zwanzig Dienstjahren, dann lag die Ungerechtigkeit auf der Hand – wenigstens für die Gewerkschaftler.

Die Unklarheit des Leistungswertbegriffes führte – wie wir gesehen haben – dazu, daß er weitgehend abgelehnt wurde. Aus dieser Sackgasse fand sich erst ein Ausweg, als die in den Schulen angewandten Aussiebungsmethoden für den Gebrauch in der Wirtschaft bearbeitet wurden. Intelligenz- und Tauglichkeitstests waren objektiv und auch weitaus zuverlässiger als die älteren Prüfungsmethoden, die man zwar noch beibehielt, aber durch die neuen Tests ergänzte. Im ersten Stadium wurde – wie bereits geschildert – an Hand der Testergebnisse unter Berücksichtigung des Schulniveaus, mit dem die Testresultate eng zusammenhingen, bestimmt, wo der Prüfling in der Industrie anfangen sollte. Als sich die Arbeitnehmer hieran gewöhnt hatten, bedeutete es nur einen kleinen Schritt, die Tests weiterzuentwickeln, so daß ihr Anwendungsbereich nicht nur die Berufswahl, sondern auch die weitere Beförderung umfaßte. Um diese Testpraxis in Gang zu bringen, mußten die Unternehmer die Bewerber zunächst ihren Haus-Tests unterwerfen. Das Publikum hatte aber damals ein derartiges Mißtrauen gegenüber der Industrie, daß es die Unparteilichkeit der Tests allein schon deshalb anzweifelte, weil der Arbeitgeber sie unter eigener Verantwortung durchführte. Die Atmosphäre wurde wesentlich entspannt, als die Regierung der Industrie ihre Organisation der Bezirksstellen und Ortszweigstellen für Erwachsenenbildung zur Verfügung stellte. Freilich wurde erst noch lang und breit und nicht immer sehr freundschaftlich herumdebattiert, bis die Arbeitgeber die Testergebnisse dieser Stellen und der Schulen voll anerkannten. Nachdem sich diese Neuerung aber eingespielt hat, zeigen Arbeitgeber und Arbeitnehmer ein gleich starkes Interesse an den alle fünf Jahre stattfindenden Wiederholungsprüfungen bei den Bezirksstellen. Dies kommt häufig bei Betriebsveranstaltungen zum Ausdruck, wenn Leistungsprämien verteilt werden.

Eines brachten die Bezirksstellen für Erwachsenenbildung allerdings noch nicht fertig: Es gelang ihnen nicht, die Charaktereigenschaften zu erfassen und zu messen, die sich in der Hingabe des Arbeitnehmers bei seiner Tätigkeit ausdrücken. Intelligenz und Einsatz der Persönlichkeit ergeben erst zusammen den Leistungswert (I + E = Lw). Ein träges Genie gibt es nicht. Hier haben die Arbeitgeber ihren eigenen Beitrag zur Sache des Fortschritts geleistet. Wissenschaftliche Betriebsführungsmethoden, wie sie Taylor, Galbraith und Bedaux entwickelt haben, führten zu den modernen Zeit- und Bewegungsstudien, über die man dann zur Messung des persönlichen Einsatzes kommt. Die Kunst der Arbeitsmessung ist schon nachgerade eine Wissenschaft geworden. Sie macht es möglich, mit zunehmender Präzision die Löhne zu staffeln und in Beziehung zum persönlichen Einsatz zu bringen. Auf diesen Punkt komme ich in einem späteren Kapitel noch zurück. Es ist das große Verdienst Dr. Roskills, daß er uns gezeigt hat, wie das Prinzip der Arbeitsstudie auf geistige Prozesse angewandt werden kann. Seitdem stehen dem Arbeitgeber über jeden Neueinzustellenden oder zu Befördernden sowohl eine Roskillkarte als auch die Testergebnisse der Bezirksstellen für Erwachsenenerziehung zur Verfügung. Wenn er nun trotzdem sein Personal nicht richtig auswählt, dann ist es höchste Zeit, daß er sich selbst wieder einmal testen läßt. Die Gewerkschaften haben übrigens ein Einblicksrecht in die Unterlagen über Tests, die der einzelne Betrieb zusätzlich durchführt. Damit ist eine Garantie gegeben, daß auch solche Tests – wenn auch nicht immer gern – im Bedarfsfall wiederholt werden.

[...]

Geistige Höhe bringt seelische Probleme

Diese Beschwörung der Vergangenheit zeigt, wieviel sich inzwischen geändert hat. In jenen Tagen war keine gesellschaftliche Klasse geistig homogen: Gescheite und Dumme, Scharfsinnige und Stumpfsinnige gab es in allen sozialen Schichten, und das bedeutete: Es gab noch Berührungspunkte zwischen den Schichten! Jetzt hingegen, wo die Menschen nach ihren Fähigkeiten klassifiziert werden, ist unvermeidlich die Kluft zwischen den Klassen weiter geworden. Und tiefer!

Die oberen Klassen – auf der einen Seite – werden nicht länger durch Zweifel und Kritik an sich selbst geschwächt. Die geistige Prominenz weiß heute, daß Erfolg nichts anderes als Belohnung für individuelle Begabung, persönlichen Einsatz und die unbestreitbare Leistung ist. Sie verdient es, einer gehobenen Klasse anzugehören. Ihre Mitglieder wissen auch, daß sie nicht nur mit einem höheren geistigen Kapital beginnen konnten, sondern daß auf diesem Fundament ihrer natürlichen Gaben auch eine erstklassige Erziehung aufgebaut werden konnte. Gerade sie können daher die ganze, ständig wachsende Komplexität unserer technischen Zivilisation wirklich verstehen. Sie haben eine naturwissenschaftliche Ausbildung genossen, und den Naturwissenschaftlern gehört heute ja die Welt. Was können sie schon mit Leuten gemeinsam haben, deren Schulbildung mit 16 oder 17 aufgehört und sie mit oberflächlichstem Halbwissen zurückgelassen hat? Und erst recht ein Gespräch mit ihnen führen, einen echten Dialog, wenn beide nicht mehr die gleiche Sprache sprechen, weil Wortschatz und Ausdrucksvermögen zu verschieden sind? In der Verwaltung läßt man sich ihnen gegenüber natürlich keine groben Schnitzer zuschulden kommen, aber die Elite weiß doch, daß diese Menschen nicht nur sozial, sondern auch in anderer Beziehung weit unter ihr stehen. Dies gilt vor allem für die beiden lebenswichtigen Eigenschaften Intelligenz und Erziehung, denen man in dem sinnvolleren Wertsystem des 21. Jahrhunderts den Ehrenplatz eingeräumt hat. Daraus erwächst freilich ein Problem, das für unsere Epoche charakteristisch ist: Einige Angehörige der Meritokratie sind – wie die meisten gemäßigteren Reformer auch zugeben – von ihrer persönlichen Wichtigkeit so beeindruckt, daß sie alles menschliche Empfinden für diese Leute, die sich von ihnen regieren lassen müssen, verlieren und sie so taktlos behandeln, daß selbst Leute, die wirklich nicht mit Glacéhandschuhen angefaßt zu werden brauchen, unnötig verletzt werden. Die Schulen und Universitäten bemühen sich zwar, den rechten Sinn für die Demut zu wecken – wie klein ist selbst der Mensch von heute, wenn man bedenkt, welche Wunder die Natur im Weltall hervorgebracht hat! –, aber im Augenblick ist die Wirksamkeit der „public relations“ mit den unteren Klassen nicht so ganz das, was sie sein könnte.

6. Bildungsmonopol: Abschaffung kapitalistischer Produktionsverhältnisse als Ursache der Ungleichheit

Das im Folgenden dargestellte Bild „Bildungsmonopol" richtet den Blick primär auf die gesellschaftlichen Rahmenbedingungen, unter denen Menschen aufwachsen, und auf die enge Verbindung von Wirtschafts- und Bildungssystem. Die Frage individueller Begabungen und Leistungen spielt demgegenüber eine untergeordnete Rolle. Begabungsunterschiede werden zwar, zumindest in den moderaten Positionen, nicht völlig negiert, es wird aber davon ausgegangen, dass Begabungen in allen sozialen Schichten gleich verteilt sind. In der marxistischen und sozialistischen Pädagogik lässt sich ein Bild von Bildungsungleichheit finden, welches die Ursachen nicht als gottgewollt oder biologisch vorbestimmt ansieht, sondern sie als menschengemacht und veränderbar begreift.

Die Ursache jeder Form sozialer Ungleichheit – und damit auch von Bildungsungleichheit – wird in der kapitalistischen Gesellschaft gesehen. Die kapitalistische Gesellschaft, die auf der Anhäufung von Produktionsmitteln und damit auch von Macht und Geld in den Händen der kleinen Gruppe von Monopolkapitalisten (herrschende Klasse) basiert, produziert quasi gesetzmäßig immer auch Ungleichheit. Dies deshalb, da es das Ziel der herrschenden Klasse ist, die eigene Macht zu festigen und immer mehr Kapital in den eigenen Händen zu konzentrieren. Notwendigerweise führt dies dazu, dass die Mehrheit der Gesellschaft keinen Zugang zu Macht und Kapital hat.

Bildung und das Bildungssystem übernehmen in einer solchen Klassengesellschaft die Funktion, diese zu erhalten und zu reproduzieren. Dies geschieht über zwei Mechanismen, nämlich, dass in der Klassengesellschaft

- der Zugang zu Bildung klassenspezifisch beschränkt ist. Arbeiterkinder haben von daher von vornherein nicht die gleichen Bildungschancen wie Kinder aus der Mittel- und Oberschicht.
- auch die Inhalte der Bildung so gewählt werden, dass diese der Aufrechterhaltung der Klassengesellschaft dienen. Damit entsteht die paradoxe Situation, dass sich Arbeiterkinder umso mehr von ihren eigenen Interessen entfernen und damit ihrerseits zum Erhalt der Klassengesellschaft beitragen, je mehr diese „entfremdete", „verkehrte", d. h. nicht den eigenen Klasseninteressen entsprechende Bildung vermittelt wird.

Aus dem zweiten Punkt folgt auch eine gewisse Ambivalenz der Arbeiterbewegung in Bezug auf die Forderung nach Öffnung der Bildungsinstitutionen, solange diese weiterhin eine „entfremdete" Bildung vermitteln. Es ging der historischen Arbeiterbewegung daher nicht primär um eine Öffnung oder eine Reform bestehender Bildungsinstitutionen, sondern das Ziel war zunächst auf die proletarische Revolution gerichtet. Nur die proletarische Revolution führt in dieser Vorstellung zur Abschaffung der Klassengesellschaft und in der Folge zum Aufbau einer sozialistischen bzw. kommunistischen Gesellschaft, in der das Bildungssystem grundlegend neu aufgebaut und eine nicht-entfremdete Bildung vermittelt werden kann. Nur so sei es möglich, eine in Umfang und Inhalt den Interessen der Arbeiterklasse entsprechende Bildung zu vermitteln.

Im marxistischen Denken ist die Klassenfrage die zentrale Dimension, da die Stellung zu den Produktionsmitteln die zentrale Frage der Macht überhaupt ist. Andere Ungleichheitsdimensionen, wie bspw. Geschlecht oder Ethnizität, werden durchaus als Problem wahrgenommen, aber der Klassenfrage untergeordnet.

6.1 Historische Beispiele

Dieses Denken durchzieht die sozialistische und marxistische Pädagogik seit ihrer Entstehung. Wir finden diese Gedanken bei Marx, Engels und Lenin genauso wie bei Wilhelm Liebknecht oder Clara Zetkin.

Wilhelm Liebknecht (1826–1900) entstammte einer hessischen Beamten- und Theologenfamilie. Er wurde stark beeinflusst von Karl Marx und Friedrich Engels, die er im Exil in der Schweiz und in England, in dem er sich aufgrund seiner revolutionären Betätigungen befand, kennengelernt hatte. 1863 trat er der ersten sozialdemokratischen Arbeiterorganisation bei, dem Allgemeinen Deutschen Arbeiterverein. Aufgrund politischer Differenzen verließ er diesen und gründete 1869 gemeinsam mit August Bebel in Eisenach die Sozialdemokratische Arbeiterpartei (SDAP). Diese wurde zum Vorläufer der späteren Sozialdemokratischen Partei (SPD). Liebknecht gehörte ab 1874 (mit Unterbrechungen) bis zu seinem Tod dem Deutschen Reichstag an. Neben August Bebel zählte Liebknecht zu den unbestrittenen Führern der Sozialdemokratie und prägte ganz wesentlich das Parteiprogramm der frühen Sozialdemokratie. Er hielt sowohl in Deutschland als auch international eine Vielzahl von Reden – eine seiner berühmtesten ist die unten zitierte Rede „Wissen ist Macht – Macht ist Wissen" (vgl. Weber 1985).

Wilhelm Liebknecht hat diese Gedanken bereits 1872 in einer berühmt gewordenen Rede vor dem Dresdner Arbeiterbildungsverein „Wissen ist Macht – Macht ist Wissen" ausgeführt. So formuliert er:

> Es hat noch nie eine herrschende Kaste, einen herrschenden Stand, eine herrschende Klasse gegeben, die ihr Wissen und ihre Macht zur Aufklärung, Bildung und Erziehung der Beherrschten benutzt und nicht im Gegenteil systematisch ihnen die echte Bildung, die Bildung, welche frei macht, abgeschnitten hätte. Es liegt das im innersten Wesen der Herrschaft. Wer herrscht, will sich stark und den Beherrschten schwach machen. Und wer allgemeine Bildung will, muss deshalb gegen jede Herrschaft ankämpfen (Liebknecht 1976: 134).

Wie in diesem Zitat deutlich wird, fokussiert Liebknecht auf die Inhalte der in der Klassengesellschaft vermittelten Bildung, indem er formuliert, dass diese zur Aufrechterhaltung der bestehenden Gesellschaftsordnung dienen. Da kein bisheriger Staat das Interesse gehabt habe, seine eigene Herrschaftsgrundlage abzuschaffen, sei jede Schule unweigerlich eine Klassenschule. Wirklich freie Bildung wird nur dann möglich, wenn diese Herrschaft gebrochen wird, was nur durch revolutionären Kampf möglich ist.

Im weiteren Verlauf des Textes expliziert Liebknecht diese Konzeption noch weiter. Als Instanzen für die Reproduktion der Bildungsungleichheit benennt er die Schule, die Kaserne, die Kirche sowie die Presse. Ganz in der oben beschriebenen marxistischen Logik stellt Liebknecht fest, dass sich „die Haupttätigkeit des Arbeiters [...] auf die Umgestaltung der staatlichen und gesellschaftlichen Verhältnisse" zu richten habe und eine „ausschließliche Verfolgung von Bildungszwecken" nichts als eine „zeitraubende Spielerei" sei, die „weder dem einzelnen noch dem Ganzen zum Vorteil gereiche" (Liebknecht 1976: 133). Stattdessen gehe es darum, den „freien Volksstaat" zu erkämpfen, der „auf den Trümmern der jetzigen Klassengesellschaft errichtet" (Liebknecht 1976: 172) wird. „Durch Bildung zur Freiheit", so Liebknecht (1976: 173), sei von daher „die falsche Losung", denn „nur wenn das Volk sich politische Macht erkämpft, öffnen sich ihm die Pforten des Wissens [...] Ohne Macht kein Wissen!"

Clara Zetkin, eine der wichtigsten Begründer*innen einer sozialistischen Pädagogik, hat die pädagogischen Prämissen noch stärker als Liebknecht herausgearbeitet.

Clara Zetkin (1857–1933) entstammt einer sächsischen Lehrerfamilie. Sie absolvierte in Leipzig eine Ausbildung zur Volksschullehrerin und kam dort sowohl mit Vertreterinnen der bürgerlichen Frauenbewegung als auch der sozialistischen Bewegung in Kontakt. Sie wurde zu einer führenden Vertreterin der proletarischen Frauenbewegung. Auf ihr Engagement geht auch die Einführung des Internationalen Frauentages (8. März) zurück. Ab 1891 leitete sie die Zeitschrift „Die Gleichheit" – das zentrale Publikationsorgan der sozialdemokratischen Frauenbewegung. 1919 wurde ihr diese Leitung entzogen, da sie sich – in Abgrenzung zur SPD, deren Mitglied sie bis dahin war – der Unabhängigen Sozialdemokratischen Partei Deutschlands (USPD) zuwandte. Diese wurde zum Vorläufer der Kommunistischen Partei Deutschlands (KPD), in der Zetkin eine zentrale Rolle spielte. Neben ihrer Aktivität für das Frauenwahlrecht und die Gleichstellung der Frau in der Gesellschaft war sie auch bildungspolitisch aktiv. In der Kaiserzeit zählte sie zu den bekanntesten Bildungspolitiker*innen der Sozialdemokratie. Ihr Referat „Zur Schulfrage" kann als „das entscheidende bildungspolitische Reformprogramm der Sozialdemokratie bewertet werden" (Friese 1996: 162). Die letzten Lebensjahre verbrachte Zetkin in der Sowjetunion, wo sie auch verstarb und an der Kremlmauer beigesetzt wurde (vgl. Hohndorf 1962).

Auch Zetkin geht ganz grundsätzlich davon aus, dass die Machtfrage die zentrale Frage ist, der alle anderen Fragen und somit auch Bildungsfragen unterzuordnen sind. „Das Zentralproblem", so Zetkin (1977: 291), „ist die Eroberung und Bewahrung der politischen Macht, ist die Staatsgewalt in den Händen des Proletariats".

Nichtsdestotrotz sind Bildungsfragen für das marxistische Denken und damit auch für Zetkin wichtig. Dies deshalb, da die theoretisch geforderte Abschaffung der kapitalistischen Gesellschaft – mit Ausnahme der Sowjetunion – zunächst nur begrenzt umzusetzen war. Marxistische Pädagog*innen standen daher immer auch vor der Aufgabe, in der kapitalistischen Gesellschaft selbst schulreformerisch tätig sein zu müssen. Die bildungspolitischen Forderungen richteten sich deshalb auch auf den unbeschränkten Bildungszugang für alle Menschen. So formuliert Zetkin, dass

> Bildung, von der niedrigsten bis zur höchsten, Allgemeingut, Kulturgut ist, daß jedes Glied der Gemeinschaft unbeschränkten Anteil an diesem Gute haben muß, daß daher der Gesellschaft die Pflicht obliegt, alle Bildungsmöglichkeiten, die in ihr vorhanden sind und deren Grundlage die

> Arbeit der ausgebeuteten Millionen ist, unbeschränkt allen Mitgliedern der Gesellschaft zugute kommen zu lassen (Zetkin 1957a: 255).

Entsprechend fordert Zetkin auch ein einheitliches und kostenfreies Schulwesen, „vom Kindergarten bis zur Hochschule" (Zetkin 1957a: 259), dessen Grundlage eine einheitliche und obligatorische Elementarschule ist, die von allen Kindern besucht wird (vgl. ebd.).

Zetkin setzt sich zumindest punktuell auch mit der Frage des Verhältnisses von Anlage und Umwelt auseinander. So schreibt sie:

> Nicht der vorbestimmende Wille eines Schöpfers, einer Vorsehung entscheidet darüber, was die einzelnen Personen werden, welches Ziel ihre Entwicklung erreichen soll. Vererbung und Milieu sind ausschlaggebend dafür. Jeder bringt eine Summe körperlicher, geistiger, sittlicher Anlagen mit zur Welt. Wie sich diese entwickeln, darauf ist das Milieu, die Umwelt von größtem Einfluss, in welcher der Mensch aufwächst und sich betätigt. Das gesamte Milieu schafft für jeden Menschen bestimmte Entwicklungsmöglichkeiten (Zetkin 1957a: 253f.).

Deutlich wird hier, dass Zetkin davon ausgeht, dass auch die Vererbung eine Rolle spielt. D. h. Menschen kommen mit unterschiedlichen körperlichen, geistigen und sittlichen Anlagen auf die Welt. Diese bestimmen aber nicht deterministisch, was aus einem Menschen wird, sondern hier ist das Milieu – oder anders gesagt die gesellschaftlichen Umstände – „von größtem Einfluss".

Zu Zetkins politischen Forderungen zählte auch die nach besseren Bildungsmöglichkeiten für Frauen. Trotzdem hat sie diese Frage nicht unabhängig von der Klassenfrage verstanden bzw. die Klassenfrage als wichtiger als die Geschlechterfrage eingeschätzt. So ist in ihrer Perspektive die Situation der Frauen der herrschenden Klasse grundverschieden von der der beherrschten Klasse. Im Unterschied zu Frauen aus der Oberschicht ist die „ungeheure Mehrzahl der Frauen – die Proletarierinnen –, vom zweifachen Joch der Geschlechts- und der Klassensklaverei gedrückt" (Zetkin 1957b: 461). Die Freiheit der (proletarischen) Frau ist deshalb bei Zetkin nicht allein über Bildung zu erreichen, sondern nur durch Abschaffung des Privateigentums an Produktionsmitteln und die Integration der Frau in eine „ausbeutungs- und knechtslose", sprich kommunistisch-sozialistische Arbeitsorganisation. So schreibt sie:

> Die Geschichte der Vergangenheit und der Gegenwart lehrt, daß das Privateigentum die letzte und tiefste Wurzel der Vorrechts- und Vorzugsstellung des Mannes vor dem Weibe ist. […] Soll die Frau die volle gesellschaftliche Gleichberechtigung mit dem Mann erhalten – in

> Wahrheit und in der Tat und nicht bloß mit toten Gesetzestexten auf geduldigem Papier –, soll sie wie der Mann freie Entwicklungs- und Auswirkungsmöglichkeiten für ganzes Menschentum gewinnen, so müssen zwei Hauptbedingungen erfüllt werden: Das Privateigentum an den Produktionsmitteln ist aufzuheben und durch das Gesellschaftseigentum zu ersetzen; die Tätigkeit der Frau ist der gesellschaftlichen Gütererzeugung in einer ausbeutungs- und knechtslosen Ordnung einzugliedern (Zetkin 1960: 261).

Diese in der sozialistischen Bewegung diskutierten Überlegungen hat Robert Alt in seinem Buch *Das Bildungsmonopol* zusammenfassend interpretiert und in einen historischen Zusammenhang gestellt.

Robert Alt (1905–1978) entstammt einer deutsch-jüdischen Familie in Breslau. Während seines Studiums der Soziologie und Philosophie kam er mit der sozialistischen Bewegung in Kontakt und trat 1933 in die KPD ein. 1933 musste er seine begonnene Tätigkeit als Lehrer sowie eine begonnene Promotion zu „Industrieschulen" aus „rassischen Gründen" beenden. 1941–1945 war er in verschiedenen Konzentrationslagern interniert. Nach 1945 lebte er in der Sowjetischen Besatzungszone bzw. der DDR und war dort wesentlich am Aufbau und der Reformierung des Schulwesens beteiligt. 1948 konnte er seine begonnene Promotion beenden und wurde 1949 als ordentlicher Professor für Geschichte der Pädagogik an die Humboldt-Universität Berlin berufen. Das unten zitierte Buch *Das Bildungsmonopol* (1978) stellt die umfangreichste und systematischste Zusammenfassung dieses Ansatzes dar und kann als Hauptwerk von Robert Alt betrachtet werden (vgl. Geißler/Barth 2010).

Unter einem Bildungsmonopol versteht Alt (1978: 12)

> die in der Klassengesellschaft bestehende Tendenz […] seitens der herrschenden Klasse uneingeschränkt über Wesen und Umfang des Bildungsinhaltes, der den Angehörigen der beherrschten Klassen vermittelt wird, im Interesse der Reproduktion der Klassengesellschaft zu verfügen.

Die in demokratischen Gesellschaften postulierten gleichen Rechte zur Nutzung der Bildungsangebote werden in dieser Perspektive als eine Farce verstanden, da aufgrund der ökonomischen Bedingungen einem Großteil der Bevölkerung die Nutzung dieser Angebote überhaupt nicht möglich ist. In einer ungleichen Gesellschaft, so die Grundposition, ist eine gleiche Bildung nicht möglich. Das Bildungsmonopol, als grundlegender Teil jeder kapitalistischen Gesellschaft, übernimmt somit zwei Funktionen, nämlich erstens die „Aufrechterhaltung und Sicherung der Besitzverhältnisse" und zweitens die „Reproduktion der bestehenden Machtverhältnisse der Klassengesellschaft" (Alt 1978: 35).

Im marxistischen Denken wird vom „Klassencharakter jeglicher Bildung" (Alt 1978: 46) ausgegangen. D. h., wenn Proletariern überhaupt Bildung zur Verfügung gestellt wird, dann ist diese „auf das Minimum des Erforderlichen" (Alt 1978: 171) begrenzt und dient lediglich dazu, die Arbeitskraft der Proletarier möglichst effektiv zu nutzen und die bestehende Ordnung zu stabilisieren. Bildung führt somit zur „Hervorbringung eines verkehrten Bewußtseins" (Alt 1978: 132). Dieses falsche Bewusstsein meint die Übernahme der Herrschaftsperspektive durch die Proletarier – und damit die Internalisierung einer Perspektive, die den eigenen Interessen widerspricht. Als einfache Illustration für diesen Prozess sei hier die Parabel von Bertold Brecht eingebracht:

> Wenn die Haifische Menschen wären", fragte Herrn K. die kleine Tochter seiner Wirtin, „wären sie dann netter zu den kleinen Fischen?" „Sicher", sagte er. „Wenn die Haifische Menschen wären, würden sie im Meer für die kleinen Fische gewaltige Kästen bauen lassen, mit allerhand Nahrung drin, sowohl Pflanzen als auch Tierzeug. Sie würden sorgen, daß die Kästen immer frisches Wasser hätten, und sie würden überhaupt allerhand sanitäre Maßnahmen treffen. Wenn zum Beispiel ein Fischlein sich die Flosse verletzen würde, dann würde ihm sogleich ein Verband gemacht, damit es den Haifischen nicht wegstürbe vor der Zeit. Damit die Fischlein nicht trübsinnig würden, gäbe es ab und zu große Wasserfeste; denn lustige Fischlein schmecken besser als trübsinnige. Es gäbe natürlich auch Schulen in den großen Kästen. In diesen Schulen würden die Fischlein lernen, wie man in den Rachen der Haifische schwimmt. Sie würden zum Beispiel Geographie brauchen, damit die großen Haifische, die faul irgendwo liegen, sie finden könnten. Die Hauptsache wäre natürlich die moralische Ausbildung der Fischlein. Sie würden unterrichtet werden, daß es das Größte und Schönste sei, wenn ein Fischlein sich freudig aufopfert, und daß sie alle an die Haifische glauben müßten, vor allem, wenn sie sagten, sie würden für eine schöne Zukunft sorgen. Man würde den Fischlein beibringen, daß diese Zukunft nur gesichert sei, wenn sie Gehorsam lernten. Vor allen niedrigen, materialistischen, egoistischen und marxistischen Neigungen müßten sich die Fischlein hüten und es sofort den Haifischen melden, wenn eines von ihnen solche Neigungen verriete. Wenn die Haifische Menschen wären, würden sie natürlich auch untereinander Kriege führen, um fremde Fischkästen

> und fremde Fische zu erobern. Die Kriege würden sie von ihren eigenen Fischlein führen lassen. Sie würden die Fischlein lehren, daß zwischen ihnen und den Fischlein der anderen Haifische ein riesiger Unterschied bestehe. Die Fischlein, würden sie verkünden, sind bekanntlich stumm, aber sie schweigen in ganz verschiedenen Sprachen und können einander daher unmöglich verstehen. Jedem Fischlein, das im Krieg ein paar andere Fischlein, feindliche, in anderer Sprache schweigende Fischlein tötete, würden sie einen Orden aus Seetang anheften und den Titel Held verleihen. Wenn die Haifische Menschen wären, gäbe es bei ihnen natürlich auch eine Kunst. Es gäbe schöne Bilder, auf denen die Zähne der Haifische in prächtigen Farben, ihre Rachen als reine Lustgärten, in denen es sich prächtig tummeln läßt, dargestellt wären. Die Theater auf dem Meeresgrund würden zeigen, wie heldenmütige Fischlein begeistert in die Fischrachen schwimmen, und die Musik wäre so schön, daß die Fischlein unter ihren Klängen, die Kapelle voran, träumerisch, und in allerangenehmste Gedanken eingelullt, in die Haifischrachen strömten. Auch eine Religion gäbe es da, wenn die Haifische Menschen wären. Sie würden lehren, daß die Fischlein erst im Bauch der Haifische richtig zu leben begännen. Übrigens würde es auch aufhören, wenn die Haifische Menschen wären, daß alle Fischlein, wie es jetzt ist, gleich sind. Einige von ihnen würden Ämter bekommen und über die anderen gesetzt werden. Die ein wenig größeren dürften sogar die kleineren auffressen. Das wäre für die Haifische nur angenehm, da sie dann selber öfter größere Brocken zu fressen bekämen. Und die größeren, Posten habenden Fischlein würden für die Ordnung unter den Fischlein sorgen, Lehrer, Offiziere, Ingenieure im Kastenbau usw. Kurz, es gäbe überhaupt erst eine Kultur im Meer, wenn die Haifische Menschen wären (Brecht 1962: 185–187).

Deutlich wird vor diesem Hintergrund, dass die Forderung nach Bildung für untere Sozialschichten ein doppeltes Gesicht hat: Einerseits werden die unteren Sozialschichten von Bildung ausgeschlossen – daher wird auch im marxistischen Denken ein besserer Zugang zu Bildung gefordert. Andererseits löst aber allein die Forderung nach mehr Bildung nicht unbedingt das Problem, da innerhalb der Klassengesellschaft letztlich eine ‚falsche' Bildung vermittelt wird, die die heranwachsende Generation eher von ihrer Klasse entfremdet, als dass sie Bildung zu ihrer eigenen Befreiung nutzen könnte. Mit letzterem ist die Frage nach dem Inhalt der Bildung gestellt. „Unsere Ausführungen zeigen", so Alt (1978: 319), dass

> selbst eine – de facto nie realisierte – völlige Öffnung des Zugangs zu höheren Bildungsanstalten für alle Kinder des Volkes durchaus noch keinen Verzicht auf das Bildungsmonopol bedeuten würde, solange eben

> das Wesen des in den Schulen vermittelten Bildungsinhaltes sich nicht ändern und hinsichtlich seiner die Klassengesellschaft erneuernden, rechtfertigenden und bejahenden Funktion kein Wandel geschaffen wird.

Bildungsreformen haben also in der kapitalistischen Gesellschaft eine begrenzte und fragwürdige Funktion, denn „[e]rst die Umwälzung der Grundlagen der Klassengesellschaft, erst die ‚Expropriation der Expropriateure' setzt das Bildungsmonopol wirksam außer Kraft" (Alt 1978: 319).

Alt geht auch darauf ein, dass es noch weitere Ungleichheitsdimensionen jenseits der Klassenzugehörigkeit gibt. „Die Wirksamkeit des Bildungsmonopols", so Alt (1978: 150), „erstreckt sich aber nicht ausschließlich auf die beherrschte Klasse". Vielmehr gäbe es auch bei anderen (nichtproletarischen) Bevölkerungsgruppen „Erscheinungskomplexe, die mehr oder weniger charakteristische Züge des Bildungsmonopols tragen" (Alt 1978: 150). Dies betrifft beispielsweise Frauen – hier argumentiert er ganz in dem oben bei Zetkin dargestellten Sinne, nämlich, dass die Geschlechterfrage der Klassenfrage nachgeordnet ist. Das Bildungsmonopol, so Alt (1978: 159), wird aber

> auch wirksam gegenüber unterdrückten Stämmen und Nationen, gegenüber in kolonialer Abhängigkeit gehaltenen Völkern und Ländern, gegenüber bestimmten – ethnisch von der Mehrzahl der Bewohner eines Landes divergierenden – Bevölkerungsteilen (Alt 1978: 159).

Hier wirke das Bildungsmonopol in dem Sinne, dass diesen Gruppen eine Bildung entweder völlig vorenthalten oder aber auf ein Minimum begrenzt werde. Dieses Minimum an Bildung dient zur „Heranbildung von nicht nur willigen, leicht auszubeutenden, sondern auch billigen Arbeitskräften" (Alt 1978: 162). Weiterführende Bildung wird in der kapitalistischen Gesellschaft auf jeden Fall vermieden, da diese zu einer „potenziellen Gefahr" (Alt 1978: 163) für die Herrschenden bzw. konkreter zur Aufhebung der Kolonialherrschaft führen könne.

6.2 Pädagogische und bildungspolitische Konsequenzen

Folgen wir diesem Bild, so müssen pädagogische Fragen immer in einem gesamtgesellschaftlichen Zusammenhang betrachtet werden. Auch wenn die Forderung nach Abschaffung der kapitalistischen Gesellschaft schwer zu realisieren bzw. seit den Erfahrungen des ehemaligen Ostblocks auch fragwürdig geworden ist, ist mit diesem Denken doch ein kritischer Blick auf gesellschaftliche Machtverhältnisse verbunden. Auch ohne das diesem Bild zugrunde liegende marxistische Gesellschaftsbild teilen zu müssen, kann die Frage danach gestellt werden, welche gesellschaftlichen Gruppen wie und warum von Bildungsungleichheit und ihrer Reproduktion profitieren. Konstitutiv für dieses Bild von Ungleichheit ist ein ideologiekritischer Blick auf die Inhalte von Bildung, d. h. die Frage danach, welches Wissen Heranwachsenden vermittelt wird und ob dieses Wissen wirklich der Emanzipation und Eigenständigkeit dient oder doch eher eine Einsozialisierung in (mehr oder weniger starke) Unterdrückungsverhältnisse darstellt.

Auch impliziert dieses Bild ein Verständnis von Gesellschaft als menschengemacht. Es unterscheidet sich damit deutlich von vielen bisher in diesem Buch dargestellten Bildern, für die die Struktur der Gesellschaft den unhinterfragbaren (gottgegebenen) *Status quo* darstellte. Real bestehende soziale Ungleichheit hat sich in diesem Denken in einem historischen Prozess durch menschliches Handeln zuvor lebender Generationen herausgebildet und ist damit auch durch Menschen zu verändern. Eine Illusion wäre es in diesem Denken zu erwarten, dass die dominanten Sozialgruppen der Gesellschaft ihrerseits ein Interesse an der Veränderung der Strukturen haben könnten. Jede dominante Sozialgruppe hat vielmehr ein Interesse an der Erhaltung und Tradierung ihrer Macht und ihrer Privilegien – und Bildung ist ein wesentliches Mittel dafür. Veränderungen im Sinne einer größeren Gleichheit im Bildungssystem müssen daher ‚von unten', d. h. von den unterdrückten Klassen und Schichten selbst kommen.

Die Forderung nach Bildung für alle muss somit Hand in Hand gehen mit einer Überprüfung der Lerninhalte in dem Sinne, ob diese wirklich zur Emanzipation der unteren Sozialgruppen, aber auch anderer unterdrückter Gruppen beitragen oder lediglich dazu dienen, besser qualifizierte Arbeitskräfte heranzubilden, die ihrerseits dazu beitragen, die bestehende Gesellschaft zu stabilisieren. Die Pädagogik selbst ist kein Mittel, um die Ursachen von Ungleichheit zu reduzieren. Derartige Bemühungen werden allenfalls als Arbeit am ‚Symptom' betrachtet, die die wirklichen Ursachen der Ungleichheit nicht antastet.

In diesem Bild hat die Pädagogik somit eine ausgesprochen geringe Einflussmöglichkeit auf den Abbau sozialer Ungleichheit. Etwas größer ist der Einfluss der Bildungspolitik. Wirklich gelöst werden kann das Problem der Ungleichheit aber nur über eine Abschaffung der kapitalistischen Produktionsverhältnisse.

6.3 Aktuelle Beispiele

In den Ländern des ehemaligen Ostblocks wurde die marxistische Vorstellung erstmalig in die Praxis umgesetzt. D. h., es kam tatsächlich zu einer (weitgehenden) Abschaffung des Privateigentums an den Produktionsmitteln durch Kollektivierung der Landwirtschaft und „Volkseigentum" an Produktionsmitteln. Auch das Bildungssystem wurde radikal verändert. Eingeführt wurde beispielsweise eine gemeinsame Schule für Kinder aller Sozialschichten mindestens bis zur 8. Klasse. Nach marxistischer Logik hätten sich über diese Veränderungen soziale Unterschiede verlieren müssen. Die Realität sah jedoch anders aus. Zwar konnte in den 1950er Jahren z. B. in der DDR weitgehende proportionale Chancengleichheit hergestellt werden (vgl. Geißler 2002: 352), dieser Erfolg ging jedoch in den folgenden Jahrzehnten wieder verloren und es entstanden neue soziale Ungleichheiten (vgl. z. B. Bathke 1985; Miethe 2007).

Die oben hergestellten theoretischen Zusammenhänge haben daher im „Praxisexperiment" nicht wirklich eine Bestätigung gefunden, weshalb sie heute schwerlich als Alternativen fungieren können. Dass andere Konzepte dies allerdings auch nicht besser vermochten und heute trotzdem weiter diskutiert werden, dürfte wohl in erster Linie daran liegen, dass der ehemalige Ostblock insgesamt aufgrund der dort etablierten diktatorischen und ideologischen Strukturen auch moralisch diskreditiert ist. In der aktuellen Debatte fällt auf, dass auf diese Position – von wenigen Außenseitern abgesehen – kaum Bezug genommen wird. Dies erklärt sich primär durch den Zusammenbruch der staatssozialistischen Gesellschaften nach 1989.

Unabhängig von diesen (gescheiterten) gesamtgesellschaftlichen Umgestaltungsversuchen sind pädagogische Konzeptionen durchaus von diesem Denken beeinflusst und werden auch heute noch praktiziert. Dies gilt beispielsweise für die „Pädagogik der Unterdrückten" von Paulo Freire oder das „Theater der Unterdrückten" von Augusto Boal. Beide gehen in ihrer Arbeit von einer marxistischen Grundlogik aus, indem sie von einer „herrschenden" und einer „unterdrückten" Klasse sprechen (Boal 1989: 20; Freire 1976: 31 passim). Diese Ausgangssituation führe dazu, dass die unterdrückten Klassen einen Entfremdungsprozess verinnerlichen und damit nicht mehr ihre eigenen Interessen vertreten können. „Es ist bekannt", so Boal (1989: 20), dass

> die herrschende den beherrschten Klassen ihre Ideen und moralischen Wertvorstellungen aufzuzwingen suchen. Sie behaupten es gebe nur eine einzige Gerechtigkeit, wobei sie verschweigen, daß sie, die herrschende Klasse, Recht sprechen und daß es ihre Justiz, ihr Recht ist, das sie durchsetzen. Geht man jedoch nicht vom göttlichen Ursprung des

> Rechts aus, sondern davon, daß die menschliche Gesellschaft eine Klassengesellschaft ist, so leuchtet ein, daß jede Klasse ihre Auffassung von Recht hat und der Stärkere seine Justiz dem anderen aufnötigt.

Die „Pädagogik der Unterdrückten“ genauso wie das „Theater der Unterdrückten“ setzen genau an diesem Punkt mit der Zielsetzung an, für diese Mechanismen ein Bewusstsein bei den Unterdrückten zu schaffen und sie so in die Lage zu versetzen, diese Zustände nicht mehr zu akzeptieren, sondern gegebenenfalls zu verändern. Für diesen Prozess prägt Freire den Begriff „conscientização“. Dieser meint einen „Lernvorgang, der nötig ist, um soziale, politische und wirtschaftliche Widersprüche zu begreifen und um Maßnahmen gegen die unterdrückerischen Verhältnisse der Wirklichkeit zu ergreifen“ (Freire 1976: 25). Die von Boal entwickelten Theatermethoden dienen dazu, diesen Prozess zu ermöglichen und damit ein Bewusstsein für die der eigenen sozialen Lage entsprechende Situation zu schaffen, diese zu durchschauen und aufzulösen.

Die Gedanken und Ansätze Freires und Boals wurden zwar zunächst unter den Bedingungen der Diktatur in Lateinamerika entwickelt, später aber auch nach Europa transferiert und an die dortigen Verhältnisse angepasst. Heute finden diese Ansätze vor allem im Bereich der politischen Bildungsarbeit, aber auch der antirassistischen Arbeit Anwendung. Harald Hahn hat das „Theater der Unterdrückten“ beispielsweise dazu genutzt, um Bildungsaufsteiger*innen bei ihrem akademischen Weg zu unterstützen.[7] Im Rahmen des „Forumtheaters inszene e. V. für Bürgerbeteiligung in Dialog“ wird die von Boal entwickelte Methode des Forumtheaters dazu genutzt, Themen wie Rassismus, Mobbing in der Schule, Perspektivlosigkeit jugendlicher Hauptschüler*innen oder Zwangsverheiratung zu bearbeiten.[8]

In Österreich hat die sogenannte „VolxTheaterkarawane“, ein loser Zusammenschluss von politisch und kulturell aktiven Menschen, mehrere öffentlichkeitswirksame Projekte in dieser Tradition durchgeführt – die Gruppe bereiste Orte politischer Auseinandersetzung. Die größte Öffentlichkeitswirkung erreichte das erste Karawanenprojekt beim G8-Gipfel in Genua (2001), in dessen Rahmen die Gruppe inhaftiert wurde (vgl. Müller 2008: 104). Ganz grundlegend geht es bei dieser Arbeit darum, mit künstlerischen Mitteln eine politische Auseinandersetzung anzuregen, eigene Unterdrückung und Diskriminierung zu reflektieren und Handlungsstrategien zu deren Überwindung zu

7 http://www.heimliche-begleiter.de/projekt.html [Letzter Zugriff 16.10.2020].
8 http://www.forumtheater-inszene.de/di/kontakt [Letzter Zugriff 16.10.2020].

erproben (vgl. Müller 2008). Diese enge Verbindung zwischen Kunst und der Vorstellung einer allgemeinen Gesellschaftsrevolution zeigt sich beispielhaft im Programmheft des „VolxTheater“. So heißt es dort: „Kulturelle und politische Revolution sind untrennbar, also kann auch das Theater einen entscheidenden Beitrag zur revolutionären Veränderung leisten (Raunig 2005: 185).

6.4 Arbeitsfragen

1. Wie erklärt eine marxistische Pädagogik die Entstehung sozialer Ungleichheit?
2. Wie kann in diesem Denken soziale Ungleichheit reduziert werden?
3. Immanuel Kant (1803) schrieb: „Der Mensch kann nur Mensch werden durch Erziehung. Er ist nichts, als was die Erziehung aus ihm macht.“ Was würde eine marxistische Pädagogik darauf antworten?
4. Unsere heutige Gesellschaft ist immer noch durch eine hohe soziale Selektivität gekennzeichnet. Wie ist dies aus Sicht des hier dargestellten Bildes von Ungleichheit zu erklären?
5. Sowohl Schleiermacher als auch die sozialistische Pädagogik fordern, dass Kinder aller Schichten in eine gemeinsame (Grund-)Schule integriert werden sollen. Mit welchen (unterschiedlichen) Argumenten wird dies jeweils begründet?

Liebknecht: Wissen ist Macht – Macht ist Wissen

Liebknecht, Wilhelm (1976, zuerst 1872): Wissen ist Macht, Macht ist Wissen. In: Schröder, Wolfgang (Hrsg.): Kleine Politische Schriften. Leipzig: Reclam, S. 133-172.

Meine Damen und Herren!

Wissen ist Macht! Bildung macht frei! An dieses Wort, das vorhin im Prolog betont wurde und das wir so häufig im Munde unserer Gegner hören, wird mein heutiger Vortrag sich anknüpfen. Ja, im Munde unserer Gegner und gegen uns angewandt, zur Widerlegung des von uns, von der Sozialdemokratie verfochtenen Satzes, daß die Haupttätigkeit des Arbeiters sich auf die Umgestaltung der staatlichen und gesellschaftlichen Verhältnisse zu richten habe und daß die ausschließliche Verfolgung von Bildungszwecken für den Arbeiter nichts sei als eine zeitraubende Spielerei, welche weder dem einzelnen noch dem Ganzen zum Vorteil gereicht.

Knowledge is power – Wissen ist Macht! Wohl ist das ein wahres Wort. Wissen ist Macht, Wissen gibt Macht, und weil es Macht gibt, haben die Wissenden und Mächtigen von jeher das Wissen als ihr Kasten-, ihr Standes-, ihr Klassenmonopol zu bewahren und den Nichtwissenden, Ohnmächtigen – von jeher die Masse des Volkes – vorzuenthalten gesucht. So ist es zu allen Zeiten gewesen, so ist es noch heute. Durchfliegen wir die Geschichte der Menschen von den grausamsten Zeiten des Altertums bis heran zur Gegenwart: überall das nämliche Schauspiel. Eine Kaste, ein Stand, eine Klasse hat das Wissen sich angeeignet und benutzt es als Machtmittel zur Unterdrückung und Ausbeutung der übrigen Kasten, Stände und Klassen. Die Priester Ägyptens und Indiens, worauf gründete sich ihre tausendjährige Herrschaft? Sie waren im Alleinbesitz des Wissens der damals vorhandenen Kenntnisse von den Naturkräften, vom Lauf der Gestirne, vom Wesen des Menschen; und dies Wissen war ihnen der Zauberstab, das Zepter, vor welchem die staunenden bewundernden Massen sich andächtig beugten; es war die Kette, mit der die Priester, unterstützt von der Kriegerkaste – denn Krieger und Priester sind stets brüderlich Hand in Hand gegangen bei Knechtung der Welt –, den Staat und die Gesellschaft umschlangen und sich dienstbar machten. Die Priester Griechenlands, Roms, des christlichen Mittelalters, der neuen und neuesten Zeit sehen wir von demselben Bestreben erfüllt: das Wissen als den Urquell der Macht und Herrschaft für sich zu behalten und der Menge zu verschließen. Das Wissen ist für die Herrschenden, die Unwissenheit für die Beherrschten. In den Sklavenstaaten Nordamerikas bestand ein Gesetz, das jedem, der einem Farbigen Lesen und Schreiben lehrte, den Tod androhte. Die Sklavenbesitzer wußten sehr genau, daß, wenn die Sklaven sich ihrer Sklaverei bewußt, wenn ihnen die

Augen geöffnet würden, es zu Ende sei mit der „ewigen“ und „heiligen“ Institution der Sklaverei. Bei uns, in dem „gebildeten“ Europa, überhaupt in den sogenannten Kulturstaaten, bestraft man allerdings die Verbreitung des Wissens unter das Volk nicht mit dem Tod, aber es wird nicht minder wirksam dafür gesorgt, daß das Wissen nicht unter das Volk dringe. Das Wissen ist unter dem Verschluß der Herrschenden, den Beherrschten unzugänglich, außer in der Zubereitung und Verfälschung, die den Herrschenden beliebt. Und wenn es einer beherrschten Klasse, wie der französischen Bourgeoisie im vorigen Jahrhundert, einmal gelungen ist, sich Wissen und mit Hilfe des Wissens die politische Macht zu erringen, so hat sie regelmäßig ihre Macht nur gebraucht, um sich selbst in der Macht zu befestigen, um ihr materielles Interesse zu fördern und die „unteren Klassen“ in Unfreiheit und geistige Nacht zu stürzen. Ich übertreibe nicht, spreche nur eine unumstößliche, durch die Geschichte, auf jeder Seite bestätigte Wahrheit aus, indem ich sage:

Es hat noch nie eine herrschende Kaste, einen herrschenden Stand, eine herrschende Klasse gegeben, die ihr Wissen und ihre Macht zur Aufklärung, Bildung, Erziehung der Beherrschten benutzt und nicht im Gegenteil systematisch ihnen die echte Bildung, die Bildung, welche frei macht, abgeschnitten hätte. Es liegt das im innersten Wesen der Herrschaft. Wer herrscht, will sich stark und den Beherrschten schwach machen. Und wer allgemeine Bildung will, muß deshalb gegen jede Herrschaft ankämpfen.

Alt: Das Bildungsmonopol

Alt, Robert (1978): Das Bildungsmonopol. Berlin: Akademie-Verlag.

Es war das Anliegen der vorangegangenen Untersuchung, das Bildungsmonopol als ein in der antagonistischen Klassengesellschaft wirkendes Gesetz zu erweisen. Es ist ein in den Grundlagen dieser Gesellschaft wurzelndes, die Klassenordnung immer wieder reproduzierendes Phänomen, eine dem Gefüge der Klassengesellschaft immanente, sie konstituierende charakteristische Tatsächlichkeit. Eine solche in der Struktur des Gesellschaftskörpers verankerte Gesetzmäßigkeit führt aber – betrachtet man die der betreffenden Struktur innewohnenden und sich entfaltenden Grundwidersprüche – zum Entwicklungsgesetz. Die Entwicklung der Produktionsmittel, ihr ständig wachsender gesellschaftlicher Charakter geraten in immer steigenden Widerspruch zu den Produktionsverhältnissen und führen schließlich zur Aufhebung dieses Widerspruchs in der Vergesellschaftung der Produktionsmittel. Auch im Bereich der Bildung verstärken sich die durch das Bildungsmonopol geprägten Widersprüche und heischen gebieterisch nach Beseitigung der sich ergebenden Spannungen. So treten die Diskrepanzen zwischen einer dem Entwicklungsstand der Produktivkräfte angemessenen Bildung und der den Massen tatsächlich vermittelten Bildung immer wieder hervor. Es wächst die Divergenz zwischen der – bei dem jeweiligen Entwicklungsniveau der Produktion, der Wissenschaft, der Technik und Kultur – *möglichen* Bildung und der – kraft des Bildungsmonopols – in engen Grenzen gehaltenen *faktischen* Bildung der arbeitenden Massen. Es verstärkt sich der Widerspruch zwischen der Notwendigkeit, den Arbeitern eine dem Entwicklungsstand der Produktionsmittel gemäße Bildung zukommen zu lassen, und dem Erfordernis, die die Klassenherrschaft verunsichernden Potenzen solcher Bildung auszuschalten. Die wachsenden Widersprüche führten – wie wir sahen – in der Geschichte der antagonistischen Klassengesellschaft dann und wann zu begrenzten Maßnahmen. Es sind Anpassungsvorgänge, die das System sichern sollen, jedoch nicht die Schranken der Klassengesellschaft durchbrechen und dies auch nicht können, solange deren materielle Grundlagen dagegenstehen und nicht angetastet werden sollen. Vielmehr sind diese Maßnahmen dadurch gekennzeichnet, daß in gewissen Bereichen eine Lockerung der Bildungsbeschränkungen für die Volksmassen erfolgt. Es sind geringfügige Konzessionen, meist erzwungen durch die Notwendigkeit, die Arbeitskraft der Massen effektiver zu verwerten; es sind nur widerstrebend gewährte Zugeständnisse, die gewöhnlich hinter den objektiven Erfordernissen zurückbleiben. Der zu solchen Neuerungen führende Wunsch nach maximalem Profit mittels einer erweiterten Bildung der Arbeiter findet seine Grenze in dem Interesse der Herrschenden, die Klassenunterschiede nicht zu nivellieren und das bestehende Abhängigkeitsverhältnis aufrechtzuerhalten. So ist jede Erweiterung des Bildungsumfangs – wie sich zeigte – stets begleitet von einer Intensivierung der vom Bildungsmonopol geprägten ideologischen Beeinflussung im Sinne der Festigung der bestehenden gesellschaftlichen Zustände und verbunden – was die Gegenwart anbetrifft, die die Realität der sozialistischen Länder und ihres Einflusses nicht ausschalten kann – mit einer alle Kommunikationsmöglichkeiten ausschöpfenden Manipulation des Bewußtseins der Massen. Viele der systemkonformen und konfliktdämpfenden Reformen in den kapitalistischen Ländern sind auch von der Notwendigkeit geprägt, das Streben der werktätigen Massen nach besserer Ausbildung zu kanalisieren und es in Richtung des individuellen Aufstiegs zu lenken, wobei solche Maßnahmen gleichzeitig der Deckung des zunehmenden Bedarfs an qualifizierten Kadern dienen, die „Begabungsreserven abschöpfen" und deren bewußtseinsmäßige Assimilation bewirken sollen. Unsere Ausführungen aber zeigen, daß selbst eine – de facto nie realisierte – völlige Öffnung des Zugangs zu höheren Bildungsanstalten für alle Kinder des Volkes durchaus noch keinen Verzicht auf das Bildungsmonopol bedeuten würde, solange eben das Wesen des in den Schulen vermittelten Bildungsinhaltes sich nicht ändern und hinsichtlich seiner die Klassengesellschaft erneuernden, rechtfertigenden und bejahenden Funktion kein Wandel geschaffen wird. Alle bildungsreformerischen Schritte und pädagogischen Neuerungen in der Klassengesellschaft können nur unter dem Aspekt bemessen werden, inwieweit sie zur Überwindung der Grundlagen der Klassenordnung beitragen können. Der Kampf um die Demokratisierung der Schule, um den Einfluß vorwärtsweisender pädagogischer Strömungen und um das Wirken dem gesellschaftlichen Fortschritt sich verpflichtet fühlender Pädagogen kann – unter jeweils wechselnden Voraussetzungen – mannigfache Gelegenheiten bieten, die Macht der herrschenden Klasse, den Einfluß der Monopole auf die Schule zurückzudrängen und die Verbreitung fortschrittsfeindlicher Ideologien im Unterricht einzudämmen. Alle solche Bestrebungen können die Notwendigkeit, das Bildungsmonopol aufzuheben, verstärken und deutlicher hervortreten lassen, können es aber selbst nicht brechen. Erst die Umwälzung der Grundlagen der Klassengesellschaft, erst die „Expropriation der Expropriateure" setzt das Bildungsmonopol außer Wirksamkeit.

7. Ressourcennutzung: Abbau sozialer Ungleichheit zur gesellschaftlichen Nutzung aller Potenziale

Bei dem Bild „Ressourcennutzung“ geht es darum, die in den Menschen schlummernden Potenziale für die Gesellschaft insgesamt oder für die Wirtschaft zu nutzen. Dabei wird keine explizite Aussage darüber getroffen, ob es in den Menschen biologisch angelegte Unterschiede gibt. Implizit wird in diesem Bild davon ausgegangen, dass in allen Sozialschichten gleichermaßen zu fördernde Talente vorhanden sind. Im Bild „Ressourcennutzung“ geht es darum, die im Menschen potenziell vorhandenen Ressourcen optimal zu nutzen. Dabei steht weniger die Weiterentwicklung des Individuums selbst im Mittelpunkt als vielmehr dessen Nutzen für die Gesellschaft insgesamt.

Die Art der Bedarfe kann allerdings variieren, sodass sich zwei verschiedene Ausrichtungen der Ressourcennutzung finden lassen. In der einen Ausrichtung geht es darum, Ressourcen aller Sozialschichten dazu zu nutzen, um a) Begabungsreserven zu identifizieren, da diese notwendig sind, um die ökonomische Leistungsfähigkeit der Gesellschaft zu erhalten. Dieses Bild wird im Folgenden am Beispiel der Ideen Pichts dargestellt. Bei der anderen Ausrichtung geht es b) um die Nutzung von Vielfalt als Notwendigkeit demokratischer Gesellschaften. Diese Ausrichtung wird im Folgenden am Beispiel der Konzeption von Dewey dargestellt. So unterschiedlich somit die Zielstellungen sind, fokussieren beide auf die Potenziale und nicht auf die Defizite sozial benachteiligter Gruppen und der Blick ist auf ein über das Individuum hinausgehendes Ziel gerichtet. Trotz dieser Ausrichtung auf eine gesellschaftliche Notwendigkeit wird in diesem Bild davon ausgegangen, dass die Individuen selbst von einem Bildungsaufstieg profitieren – sei es ökonomisch über bessere Einkommen, über persönliche und soziale Entfaltungsmöglichkeiten oder aber – im Fall von Dewey – durch die Weiterentwicklung einer den Menschen am besten entsprechenden demokratischen Gesellschaftsform.

7.1 Historische Beispiele

7.1.1 Ökonomische Nutzung der Begabungsreserven

Georg Picht, der 1964 in einer Artikelserie eine „deutsche Bildungskatastrophe“ vorhersagt, kann als zentraler Vertreter für die Position der aus ökonomischen Gründen notwendigen Mobilisierung von bisher nicht geförderten Begabungsreserven gelten.

Georg Picht (1913–1982) wurde in eine deutsche Beamten- und Wissenschaftlerfamilie geboren. Nach einem Studium war er Lehrer an der reformpädagogischen Schule Birklehof (Landerziehungsheim), bis die Nationalsozialisten diese Schule übernahmen (1942). Während der NS-Zeit war er als Wissenschaftlicher Assistent an der Universität Freiburg tätig. 1946 ging er zurück an den Birklehof (siehe Biografie Kurt Hahn) und war dort bis 1956 Schulleiter. In dieser Funktion wurde er auch als Mitglied in den „Deutschen Ausschuss für das Erziehungs- und Bildungswesen“ berufen und beteiligte sich maßgebend am Entwurf von Plänen zur Reform des westdeutschen Bildungswesens. 1958 übernahm er die Leitung der Forschungsstätte der Evangelischen Studiengemeinschaft in Heidelberg, die er bis zu seinem Tode innehatte (vgl. Eisenbart 2001). Bei dem unten zitierten Text „Deutsche Bildungskatastrophe“ (1964) handelt es sich um eine Artikelserie, die in der Zeitschrift „Christ und Welt“ erschien. In diesen Artikeln prangerte er die im internationalen Vergleich niedrigen Bildungsausgaben in Deutschland an, kritisierte u. a. die geringe Abiturientenquote sowie die großen Unterschiede zwischen Stadt und Land und forderte grundlegende Reformen des Schulsystems. Diese Beiträge lösten eine breite Debatte in der westdeutschen Öffentlichkeit aus und hatten auch Einfluss darauf, dass in Westdeutschland Bildungsreformen initiiert wurden.

Eine Bildungskatastrophe bedeutet bei Picht einen wirtschaftlichen Notstand (vgl. Picht 1965: 9). So prophezeit er:

> Der bisherige wirtschaftliche Aufschwung wird ein rasches Ende nehmen, wenn uns die qualifizierten Nachwuchskräfte fehlen, ohne die im technischen Zeitalter kein Produktionssystem etwas leisten kann. Wenn das Bildungswesen versagt, ist die ganze Gesellschaft in ihrem Bestand bedroht (Picht 1965: 9f.).

Die Entwicklung der gesamten Gesellschaft hängt direkt davon ab, „ob die Schulen und Hochschulen den Nachwuchs heranzubilden vermögen, der heute allenthalben so dringend gebraucht wird“ (Picht 1965: 12). Um Westdeutschland international konkurrenzfähig zu halten, bedarf es folglich besserer Bildung. Eine bessere Bildung heißt für Picht vor allem eine „gerechte Verteilung der Bildungschancen“, da nur so die brachliegenden Ressourcen zur Entfaltung kommen können. Es geht also primär um die Ausnutzung der Begabungsreserven für die Wirtschaft und nicht um die individuelle Entwicklung des Einzelnen. Der Abbau sozialer Ungleichheit ist das notwendige Mittel zur wirtschaftlichen Weiterentwicklung. Die Nutzbarmachung der Begabungsreserven erfordert Bildung und führt über den gesellschaftlichen Nutzeffekt hinaus auch zu einer Statusverbesserung des Individuums selbst. Picht thematisiert in diesem Zusammenhang primär den ökonomischen Nutzen für die Individuen. So führt er weiter aus:

> In der modernen ‚Leistungsgesellschaft‘ heißt soziale Gerechtigkeit nichts anderes als gerechte Verteilung der Bildungschancen; denn von den Bildungschancen hängen der soziale Aufstieg und die Verteilung des Einkommens ab. Das Einkommen spielt aber heute eine viel größere Rolle als jenes Lieblingsthema der Ideologen, das Eigentum. Der gesamte soziale Status, vor allem aber der Spielraum an persönlicher Freiheit, ist wesentlich durch die Bildungsqualifikationen definiert, die von dem Schulwesen vermittelt werden sollen (Picht 1965: 21f.).

Anders als beim Bild „Bildungsmonopol“ sind die wirtschaftlichen Verhältnisse nicht die Ursache der Ungleichheit, sondern sie erfordern die Reduzierung von Ungleichheit. Der internationale Wettbewerb im Kapitalismus erfordere eine möglichst gute (Aus)Bildung aller Menschen, unabhängig von ihrer sozialen Herkunft. Bildung ist damit auf die Wirtschaft und das Arbeitsleben fokussiert und auf deren Erhalt ausgerichtet. Ungleichheiten zu beseitigen ist für Picht keine moralische Verpflichtung, sondern eine ökonomische Notwendigkeit.

Dabei setzt Picht nicht nur auf einen quantitativen Ausbau des Bildungswesens. Für ihn ist es auch unerlässlich, die Qualität der Bildung zu steigern (vgl. Picht 1965: 20). Eine Qualitätssteigerung kann nach Picht nur durch eine bessere Lehrer-Schüler-Relation und kleinere Klassen erfolgen, denn „in den Volksschulen muß in Klassen mit 60 oder 70 Schülern sogar die beste Begabung verkommen, und selbst der klügste Student kann nichts mehr lernen, solange in den sogenannten Massenfächern für mehrere Hunderte von Studenten nur ein einziger Ordinarius zur Verfügung steht” (ebd.). Deshalb kommt Picht zu dem Schluss: „Die Steigerung der Qualität der Leistung hängt von der Steigerung der Quantität der Lehrer ab“ (ebd.). Die erreichten Bildungsabschlüsse hängen für Picht eng mit den Entwicklungsmöglichkeiten eines Landes zusammen, denn es „gilt heute für alle hochentwickelten Staaten, daß die Zahl der Berufe, die eine höhere Ausbildung voraussetzen, schneller wächst als die Zahl der Menschen, die eine solche Ausbildung erhalten haben“ (Picht 1965: 51).

Pichts Ziel ist die generelle Erhöhung des Bildungsniveaus und der Ausbau des Bildungswesens sowie eine Erhöhung der Gesamtzahl der Abiturient*innen und Studierenden. Auch wenn er in seiner Artikelserie nicht explizit auf sozial benachteiligte Gruppe eingeht, ist klar, dass durch den Prozess der Aktivierung von Begabungsreserven automatisch auch Kinder aus Sozialschichten rekrutiert werden müssen, die bisher keinen selbstverständlichen Zugang zu weiterführender Bildung hatten.

7.1.2 Nutzung von Vielfalt als Notwendigkeit demokratischer Gesellschaften

Bei John Dewey lässt sich eine etwas andere Ausprägung des Bildes der „Ressourcennutzung“ finden. Und zwar stehen bei ihm weniger die ökonomischen Notwendigkeiten im Fokus als vielmehr der Ansatz, dass die in der Bevölkerung vorhandene Vielfalt eine wichtige zu nutzende Ressource für die Entwicklung einer demokratischen Gesellschaft insgesamt ist.

John Dewey (1859–1952) war ein führender Vertreter des amerikanischen Pragmatismus. Er wuchs in einer puritanischen Familie in der Kleinstadt Burlington (Vermont) auf. Während seines Studiums kam er mit dem Begründer des amerikanischen Pragmatismus, Charles Sanders Peirce, in Kontakt, der später sein Denken maßgeblich prägte. 1894 wurde er an die neu gegründete Universität Chicago berufen und lehrte dort bis 1904. Nicht zuletzt die Erfahrungen in einer sich entwickelnden Industriemetropole sowie der enge Kontakt zu Jane Addams, der Leiterin des Hull House, „eines sozialen Hilfswerks für die Ärmsten des Immigranten-Proletariats“ (Stumpf 2007: 106), schärften sein gesellschaftspolitisches Bewusstsein. „Dewey erkannte den Widerspruch zwischen der traditionellen amerikanischen Hoffnung auf eine neue Gesellschaft der Freiheit und Gleichheit für alle Bürger einerseits und der Verelendung des modernen Industrieproletariats andererseits“ (ebd.). Er plädierte für eine Gesamtschule, die „jedem Heranwachsenden sämtliche kulturelle Ressourcen der Gesellschaft zugänglich“ (Stumpf 2007: 107) macht. Diese Vorstellungen versuchte er in der gemeinsam mit seiner Ehefrau Alice Dewey gegründeten *Laboratory School* umzusetzen (vgl. Bohnsack 2003: 49–55). Sein pädagogisches Denken arbeitete Dewey zunächst in der kleinen Schrift „How we think“ (1909) heraus. Diese Schrift kann als Vorläufer seines pädagogischen Hauptwerks „Demokratie und Erziehung" gelten (vgl. Prange 2009: 146). Es erschien 1916, also während des Ersten Weltkriegs und zu einer Zeit, in der in Deutschland noch der Kaiser regierte und die Pädagogik entsprechend obrigkeitsstaatlich ausgerichtet war. Die dort formulierten Gedanken haben bis heute große Aktualität. Während das Werk Deweys international breit rezipiert wurde, wird es in Deutschland eher selten zur Kenntnis genommen (vgl. Oelkers 2000: 492).

Für Dewey stehen im Unterschied zu Picht weniger ökonomische Überlegungen im Fokus, als dass er vielmehr den Nutzen der Bildung aller für eine demokratische Gesellschaft betont. John Dewey hat sich in seinem Werk *Demokratie und Erziehung* bereits Anfang des 20. Jahrhunderts mit der Frage beschäftigt, wie Demokratie und Erziehung zusammenhängen. In seinem Denken geht er ganz grundsätzlich davon aus, dass eine Demokratie davon lebt, die vielfältigen Erfahrungen ihrer Mitglieder zu berücksichtigen. Dies deshalb, da Vielfalt eine wesentliche Ressource für die Demokratie ist; sie nicht zu nutzen wäre somit gleichbedeutend damit, dass der Gesellschaft etwas verloren geht.

So schreibt er, dass für eine demokratische Gesellschaft „eine Spaltung in getrennte Schichten verhängnisvoll sein würde". Deshalb muss sie „darauf bedacht sein, dass die geistigen Möglichkeiten allen gleichmäßig und leicht zugänglich bleiben" (Dewey 2000: 121). „In demselben Grade, in dem sich eine Gesellschaft demokratisiert hat", so Dewey weiter, „bedeutet die soziale Organisation die Verwertung der besonderen und verschiedenen Fähigkeiten der einzelnen [sic!], nicht Gliederung in starre Klassen" (Dewey 2000: 125).

Deutlich wird hier, dass eine demokratische Gesellschaft flexibel hinsichtlich ihrer sozialen Schichtung bleiben sollte und dies vor allem deshalb, da nur so die in der Gesellschaft vorhandenen Ressourcen genutzt werden können. Die in einer Gesellschaft angelegte Verschiedenheit ihrer Mitglieder ist dabei ein besonders wertvolles Gut. Jede demokratische Gesellschaft, die dieses Potenzial nicht zu nutzen weiß – wie dies im Falle ungleicher Bildungschancen der Fall wäre – würde sich damit eines ganz wesentlichen Moments der eigenen Weiterentwicklung berauben. Verschiedenheit wird damit nicht als ein – wie im deutschen Diskurs häufig anzutreffen – zu lösendes Problem betrachtet, sondern als ein Potenzial. Dementsprechend muss auch das Bildungssystem so aufgebaut sein, dass es der Vielfalt der Gesellschaft entspricht und diese zu nutzen weiß. So besteht nach Dewey eine Aufgabe der Schule darin,

> die *verschiedenen Faktoren in der sozialen Umgebung gegeneinander auszubalancieren* [Hervorh. im Original] und dafür zu sorgen, dass jeder einzelne [sic!] Gelegenheit findet, sich den Beschränkungen derjenigen sozialen Gruppen, in die er hineingeboren ist, zu entziehen und in lebende Berührung mit einer breiteren Umgebung zu kommen (Dewey 2000: 40).

Die Verschiedenheit der Schüler*innen wird bei Dewey als ein zu nutzendes Potenzial gesehen, das letztlich allen zugutekommt. Im Unterschied zum Bild „Anregungspotenzial" geht es hier aber nicht um die einseitige Nutzung für nur eine, nämlich die sozial besser gestellte Schicht, sondern alle Sozialgruppen helfen sich gegenseitig dabei, ihre jeweils eigenen Beschränkungen zu überwinden. So schreibt er weiter: „Das Miteinander der Jugend verschiedener Rassen, Religionen und Sitten in der Schule schafft für alle eine weitere und reichere Umgebung" (Dewey 2000: 41). Entsprechend muss auch die Schule die Funktion haben, allen Menschen gleiche Bildungschancen zu ermöglichen: „What the best and wisest parent wants for his own child, that must the community want for all of its children" (Dewey 1913: 19). Dewey bezeichnet die Schule daher auch als eine „embryonic society" (Dewey 1913: 32), d. h., in der Schule müssen die Eigenschaften erlernt werden, die später der Gesellschaft zugutekommen sollen. Vielfalt als Ressource in der Schule zu nutzen ist die Voraussetzung dafür, diese später auch der demokratischen Entwicklung der Gesellschaft insgesamt angedeihen zu lassen. Es würde hier allerdings zu kurz greifen, Dewey einen einfachen Utilitarismus zu unterstellen. Vielmehr geht er davon aus, dass die demokratische Gesellschaft letztlich die dem Menschen am besten entsprechende Gesellschaftsform ist. Eine Stärkung derselben ist deshalb auch im Sinne der einzelnen in ihr lebenden Gesellschaftsmitglieder. Nur dann, wenn die Gesellschaft es vermag, der Individualität der Einzelnen gerecht zu werden, kann sie sich selbst und ihren eigenen Ansprüchen treu bleiben (vgl. Dewey 1913: 20).

7.2 Pädagogische und bildungspolitische Schlussfolgerungen

Folgen wir dem Bild „Ressourcennutzung", sind vor allem qualitätsvolle und für alle sozialen Gruppen in gleicher Weise zugängliche Bildungseinrichtungen notwendig. Bezüglich der beiden beschriebenen Ausprägungen ergeben sich jedoch etwas unterschiedliche Konsequenzen:

Im Falle der ökonomischen Nutzung der Bildung bedeutet dies vor allem den Ausbau eines weiterführenden Bildungssystems, da nur durch dieses die erforderlichen hochgebildeten und technisch affinen Arbeitskräfte herangebildet werden können. In welcher Richtung dieser Ausbau erfolgt, hängt wiederrum von den ökonomischen Bedarfen an Fachkräften ab. Dies kann die Ausbildung von Lehrkräften für (die auszubauenden) Schulen genauso beinhalten, wie die von Ingenieuren oder Ökonomen. Die Inhalte der Bildung, auch bereits an den allgemeinbildenden Schulen, müssten sich sehr stark an den ökonomischen Erfordernissen ausrichten.

Im Fall der *Nutzung für die Demokratientwicklung* wäre die Konsequenz die Schaffung einer gemeinsamen Schule für alle Kinder, unabhängig von sozialer Herkunft, Geschlecht, Ethnizität oder anderen Verschiedenheitskriterien. Jede Form der Gliederung würde hier ein Miteinander der Sozialschichten verhindern und damit auch für eine Minderung der für alle produktiven Vielfalt stehen. Jedes gegliederte Bildungssystem würde zum Nachteil *aller* Kinder sein. Eine gemeinsame Schule für alle Kinder sollte so früh wie möglich einsetzen und bis zum Ende der Schullaufbahn Bestand haben, da nur so das in der Vielfalt liegende Potenzial voll genutzt werden kann, der Umgang damit eingeübt und eine demokratische Gesellschaft weiterentwickelt werden kann.

7.3 Aktuelle Beispiele

In aktuellen bildungspolitischen Debatten finden wir vor allem eine Argumentation, die an die ökonomische Begründung von Picht erinnert. Die wirtschaftliche Notwendigkeit von Bildung gilt beispielsweise als wichtiger Ausgangspunkt für die Programmatik des lebenslangen Lernens. So werden im „Memorandum Lebenslanges Lernen“ der Europäischen Union (Kommission der Europäischen Gemeinschaft 2000: 6) „zwei gleichermaßen wichtige Ziele“ benannt, nämlich „Förderung der aktiven Staatsbürgerschaft und Förderung der Beschäftigungsfähigkeit“. Damit werden auf den ersten Blick beide oben benannten Aspekte der Ressourcennutzung berücksichtigt, nämlich eine ökonomische Argumentation, wie sie Picht vorgebracht hat und eine staatbürgerliche im Sinne Deweys. So heißt es zur ökonomischen Relevanz:

> Mehr als jemals zuvor sind der Zugang zu aktuellen Informationen und Wissen sowie die Motivation und Befähigung zur intelligenten Nutzung dieser Ressourcen – zum eigenen Wohl und zu dem der Gemeinschaft – der Schlüssel zur Stärkung Europas Wettbewerbsfähigkeit und zur Verbesserung von Beschäftigungsfähigkeit und Anpassungsfähigkeit der Arbeitskräfte (Kommission der Europäischen Gemeinschaft 2000: 5).

Die Menschen werden hier primär als anpassungsfähige Arbeitskräfte einer sich im Wettbewerb befindlichen Gesellschaft verstanden. Deren optimaler Einsatz kann zur Stärkung Europas beitragen. Das ebenfalls erwähnte „eigene Wohl“ der Menschen ist in der „Beschäftigungsfähigkeit“, d. h. der Passung der Arbeitskraft mit den Bedarfen des Arbeitsmarkts, aufgehoben. Auch der zweite Punkt der gesellschaftspolitischen Relevanz wird weiter ausgeführt. So heißt es:

> Mehr als jemals zuvor möchte der Einzelne sein Leben selbst planen, wird erwartet, dass er einen aktiven Beitrag zur Gesellschaft leistet, und muss er lernen, positiv mit kultureller, ethnischer und sprachlicher Vielfalt umzugehen. Bildung im weitesten Sinne ist der Schlüssel, um zu lernen und zu begreifen, wie diesen Herausforderungen zu begegnen ist (Kommission der Europäischen Gemeinschaft 2000: 6).

Diese Argumentation erinnert an die oben dargestellten Gedanken Deweys, wenn darauf hingewiesen wird, dass der Einzelne einen Beitrag zur Gesellschaft leisten sollte. Der weitere Wortlaut des Memorandums macht allerdings deutlich, dass trotz Erwähnung der gesellschaftlichen Relevanz das Hauptinteresse auf die ökonomische Nutzbarkeit gerichtet ist. So wird weiter ausgeführt:

> Für die meisten Menschen gilt, dass während eines großen Teils ihres Lebens die Ausübung einer Erwerbstätigkeit ein wesentlicher Garant für Unabhängigkeit, Selbstachtung und Wohlergehen und damit auch für allgemeine Lebensqualität ist. Beschäftigungsfähigkeit – also die Fähigkeit, eine Beschäftigung zu finden und in Beschäftigung zu bleiben – ist nicht nur eine zentrale Dimension der aktiven Staatsbürgerschaft, sondern auch eine entscheidende Voraussetzung für Vollbeschäftigung, für die Stärkung der Wettbewerbsfähigkeit Europas und für die Gewährleistung von Wohlstand in der ‚Neuen Wirtschaft‘ (Kommission der Europäischen Gemeinschaft 2000: 6).

Wie in diesem Zitat deutlich wird, werden die gesellschaftspolitischen Zielstellungen, die der oben dargestellten Argumentation von Dewey noch am nächsten kommen, wieder zurückgenommen und die „aktive Staatsbürgerschaft“ letztlich auf Beschäftigungsfähigkeit reduziert. In dieser Argumentation zahlt sich die ökonomische Notwendigkeit von Bildung auch für das Individuum aus: durch höhere Qualifikationen für den Arbeitsmarkt und steigende Lebensqualität. Dabei geht es darum, das Humankapital der Menschen zu erhöhen, da dies das wichtigste Kapital in der heutigen Wissensgesellschaft sei (vgl. Kommission der Europäischen Gemeinschaft 2000: 4). Auch in anderen Papieren zur Strategie des lebenslangen Lernens finden wir diesen Argumentationsgang. So wird an anderer Stelle formuliert, Bildung sei ein zentraler Faktor „für die Erreichung der Ziele der Lissabon-Strategie: mehr Wirtschaftswachstum, Wettbewerbsfähigkeit und soziale Eingliederung" (Kommission der Europäischen Gemeinschaft 2006: 2).

Diese Ausrichtung wurde in der deutschen Stellungnahme zum Memorandum auch kritisch kommentiert, indem festgestellt wird:

> Die für das Bildungswesen ebenfalls grundlegenden Zieldimensionen ‚persönliche Entwicklung' und ‚gesellschaftliche Partizipation' werden dagegen nur am Rande behandelt. Hierauf einen stärkeren Akzent zu legen, ist nicht nur wegen der Bedeutung der politischen Bildung, sondern auch wegen der notwendigen Integration von allgemeiner, beruflicher sowie kultureller Bildung von zentraler Bedeutung (BMBF 2001).

Ein weiteres Beispiel für den ökonomischen Begründungszusammenhang sind die Papiere zur sogenannten Bologna-Reform. Hier wird „die Schaffung des europäischen Hochschulraumes als Schlüssel zur Förderung der Mobilität und arbeitsmarktbezogenen Qualifizierung seiner Bürger und der Entwicklung des europäischen Kontinents insgesamt" (Bologna-Erklärung 1999: 2) angesehen. Auch in den Dokumenten des Folgeprozesses wird immer wieder die wirtschaftliche Notwendigkeit der Reformen betont, da nur so die Wettbewerbsfähigkeit Europas gesichert werden könne (siehe u. a. Prager Kommuniqué 2001, Berliner Kommuniqué 2003). So ist dann auch die Forderung nach der Passung von Studieninhalten und Arbeitsmarkt ein wesentlicher Aspekt der Bologna-Reformen (vgl. Schramm 2010: 37ff.).

Auch in aktuellen Zeitschriften wird durchaus die Frage von Bildungsungleichheit mit ökonomischen Argumenten verbunden. So schreibt beispielsweise Jan Fleischhauer in dem bereits im Abschnitt zur Meritokratie zitierten Artikel in DER SPIEGEL weiter:

> Ich habe vergangene Woche eine Zahl gelesen, die mir keine Ruhe lässt. Bildungsforscher haben den Stand der Leseleistung weltweit verglichen, das machen sie alle fünf Jahre. Das Ergebnis für Deutschland ist desaströs, anders lässt es sich nicht sagen. Ein Fünftel der deutschen Grundschüler kann nach vier Jahren nicht richtig lesen und schreiben. Das heißt, die Schüler können Worte entziffern, aber sie brauchen dafür so lange, dass sie oft vergessen haben, was am Anfang eines Satzes stand, wenn sie am Ende angekommen sind. Oder sie können den Sinn nicht entschlüsseln. Wenn sie einen Text über Piraten lesen sollen, wissen sie nicht, was ein ‚Mast' ist oder was es bedeutet, den Anker zu ‚lichten'. Ein

> Fünftel partielle Analphabeten unter den Zehnjährigen, das ist eine irre Zahl. Ich hatte erwartet, dass ein Aufschrei durchs Land gehen würde. Eigenartigerweise wurde der Befund, der für die Zukunft unseres Landes bedeutsamer ist als jede andere Debatte, eher achselzuckend zur Kenntnis genommen. [...] Einen gewissen Prozentsatz an Halbgebildeten und Lernunwilligen hält auch eine Gesellschaft wie die deutsche aus. Aber 20 Prozent eines Jahrgangs? Das überfordert den besten Sozialstaat. So viele Arbeitsplätze für Ungelernte gibt es dann auch nicht (Fleischhauer 2017).

Im Unterschied zur Argumentation Pichts, bei dem sich die Notwendigkeit von Bildung durch die Erfordernisse eines hochentwickelten Arbeitsmarktes ergab, fokussiert Fleischhauer auf die ökonomischen Kosten durch die „Halbgebildeten und Lernunwilligen“. Mit einer solchen Argumentation wird auf die finanziellen Kosten für den Sozialstaat hingewiesen, wenn soziale Ungleichheit zu massiv wird. Die Notwendigkeit der Reduzierung sozialer Ungleichheit ist im Sinne dieses Autors dadurch gegeben, dass fehlende Bildung und damit fehlende Beschäftigung für den Staat zu teuer würde und es daher sein Ziel sein müsste, diesen Personenkreis zumindest so weit zu bilden, dass eine Beschäftigungsfähigkeit gegeben ist. Bildung ist demnach nicht nur notwendig, um im ökonomischen Wettbewerb mithalten zu können, sondern auch, weil zu hohe Sozialausgaben eines Staates den gesellschaftlichen Wohlstand gefährden würden.

7.4 Arbeitsfragen

1. Wie begründet Picht die Notwendigkeit des Abbaus sozialer Ungleichheit?
2. Was müsste an der deutschen Schule reformiert werden, um der Forderung Deweys nach einer Erziehung zur Demokratie gerecht zu werden?
3. Eine mögliche Konsequenz aus dem Bild „Ressourcennutzung“ könnte die Position sein, dass auch die Inhalte von Bildung an der (ökonomischen) Verwertbarkeit ausgerichtet sein müssten. Welche Argumente sprechen dafür und welche dagegen?
4. Was könnten Gefahren und Chancen einer Orientierung der Bildung an ökonomischen Bedarfen sein?

Picht: Die deutsche Bildungskatastrophe

Picht, Georg (1964): Die deutsche Bildungskatastrophe. Olten/Freiburg im Breisgau: Walter Verlag.

Bildungsnotstand heißt wirtschaftlicher Notstand. Der bisherige wirtschaftliche Aufschwung wird ein rasches Ende nehmen, wenn uns die qualifizierten Nachwuchskräfte fehlen, ohne die im technischen Zeitalter kein Produktionssystem etwas leisten kann. Wenn das Bildungswesen versagt, ist die ganze Gesellschaft in ihrem Bestand bedroht. Aber die politische Führung in Westdeutschland verschließt vor dieser Tatsache beharrlich die Augen und läßt es in dumpfer Lethargie oder in blinder Selbstgefälligkeit geschehen, daß Deutschland hinter der internationalen Entwicklung der wissenschaftlichen Zivilisation immer weiter zurückbleibt.

Während in den anderen hochentwickelten Ländern die Kulturpolitik in den Mittelpunkt des staatlichen und politischen Interesses gerückt ist und keine Investition als zu hoch gilt, wenn es um den Ausbau der wissenschaftlichen Institutionen und des Bildungswesens geht, ist in der Bundesrepublik der Anteil der Ausgaben für Schulen und Hochschulen am Sozialprodukt zwar bis 1958 allmählich gestiegen, seither aber nach den Angaben der Kultusminister ständig gesunken – von 3,31 Prozent im Jahr 1958 über 3,26 Prozent im Jahr 1959 auf 2,99 Prozent nach den Haushaltansätzen des Jahres 1962. Wenn über Kulturpolitik debattiert wird, ist der Bundestag leer.

So kann und darf es nicht weitergehen. Die Öffentlichkeit muß nun endlich die Wahrheit zur Kenntnis nehmen, und die Politiker werden sich entschließen müssen, jene harten Entscheidungen zu treffen, wie sie ein nationaler Notstand erster Ordnung erfordert.

[...]

Wenn alle Kräfte sich zusammenschließen, um die notwendigen politischen Entscheidungen möglich zu machen, so kann unser vom Ruin bedrohtes Bildungswesen vielleicht in letzter Stunde noch gerettet werden. Dann müssen wir handeln, und zwar sofort. Wir brauchen eine rasche, eine zielbewußte und entschiedene Therapie. Eine gute Therapie muß aber mit der Diagnose beginnen; diese wird deshalb unsere erste Aufgabe sein.

[...]

Wenn man das politische Gewicht der Probleme des Bildungswesens beurteilen will, muß man sich die Größenordnungen vor Augen stellen, um die es hier geht. In einem modernen Kulturstaat ist das Bildungswesen der größte organisierte Sozialkörper überhaupt. Das gilt auch für die Bundesrepublik. Im Jahre 1961 wurden an den westdeutschen Schulen aller Schularten von 262 247 Lehrern in 278 900 Klassen 8 676 877 Schüler unterrichtet. Dazu kamen 15 927 Hochschullehrer, die 234 621 Studenten zu unterrichten hatten. Man sieht aus diesen Zahlen, daß in keinem Bereich unserer Gesellschaft durch Versäumnisse oder Mißgriffe der politischen Führung und der Verwaltung so viele menschliche Schicksale betroffen werden wie hier. Notstände, die im Bildungswesen herrschen, vergiften das Leben des ganzen Volkes, zumal auch die Eltern der Schüler und die Angehörigen der Lehrer von ihnen unmittelbar betroffen werden und das Gedeihen der gesamten Gesellschaft davon abhängt, ob die Schulen und Hochschulen den Nachwuchs heranzubilden vermögen, der heute allenthalben so dringend gebraucht wird.

Nun erfahren wir aus der Bedarfsfeststellung, daß die Zahl der Schüler bis zum Jahr 1970 um etwa zwei Millionen anwachsen wird. Der Zuwachs ergibt sich hauptsächlich aus der schon heute zu berechnenden Bevölkerungsvermehrung. Durch die Einführung des neunten Volksschuljahres wächst die Schülerzahl um etwa 500 000. Hingegen werden 44 Prozent der Lehrer (das sind etwa 115 400) bis 1970 ausgeschieden sein. Wie groß ist die Zahl der Lehrer, die man braucht, wenn in den zehn Jahren von 1961 bis 1970 nicht nur die ausgeschiedenen 44 Prozent ersetzt, sondern darüber hinaus jene zusätzlichen Lehrer gefunden werden müssen, die nötig sind, um zwei Millionen Schüler, die neu hinzukommen, zu unterrichten?

[...]

Daß Schulstatistik etwas mit Sozialpolitik zu tun haben soll, das will den Deutschen nur schwer in den Kopf. Unser sozialpolitisches Bewußtsein ist womöglich noch rückständiger als unser Bildungswesen. Es ist deshalb nötig, zunächst an einige sehr einfache Sachverhalte zu erinnern.

In der modernen „Leistungsgesellschaft" heißt soziale Gerechtigkeit nichts anderes als gerechte Verteilung der Bildungschancen; denn von den Bildungschancen hängen der soziale Aufstieg und die Verteilung des Einkommens ab. Das Einkommen spielt aber heute eine viel größere Rolle als jenes Lieblingsthema der Ideologen, das Eigentum. Der gesamte soziale Status, vor allem aber der Spielraum an persönlicher Freiheit, ist wesentlich durch alle Bildungsqualifikationen definiert, die von dem Schulwesen vermittelt werden sollen.

Man spricht heute gerne von der „mobilen" oder auch von der „nivellierten" Gesellschaft und vergißt, daß in der wissenschaftlich-technischen Zivilisation ein neues Prinzip der klassenähnlichen Schichtung die Struktur der Gesellschaft wesentlich bestimmt. Durch das Schulsystem werden schon die zehnjährigen Kinder – und zwar in der Regel definitiv – in Leistungsgruppen eingewiesen, die durch das Berechtigungswesen einer entsprechenden Gruppierung der sozialen Positionen zugeordnet sind. Die so geschaffene Klassifizierung durch Bildungsqualifikationen überlagert mehr und mehr die noch fortbestehende Klassenstruktur der bisherigen industriellen Gesellschaft. Die Interferenz zwischen diesen beiden Schichtungsprinzipien ergibt dann jene gesellschaftliche Wirklichkeit, mit der es die Sozialpolitik heute zu tun hat. Die Schule ist deshalb ein sozialpolitischer Direktionsmechanismus, der die soziale Struktur stärker bestimmt als die gesamte Sozialgesetzgebung der letzten fünfzehn Jahre.

Da man noch immer in den Kategorien des neunzehnten Jahrhunderts denkt, meint man, soweit dieses Problem überhaupt ernst genommen wird, man könnte die Ungerechtigkeiten, die mit der Sozialauslese über die Schulen verbunden sind, durch die Verteilung von individuellen Finanzbeihilfen lösen, die nach dem Muster der Studentenförderung begabten Kindern den Zugang zu einer höheren Bildung möglich machen soll. Dieser durchaus begrüßenswerte Weg geht am sozialpolitischen Kernproblem vorbei; das eben zeigt uns die genannte Arbeit. Sie stellt mit den Methoden der vergleichenden Statistik dar, wie groß die Ungerechtigkeit unserer Sozialauslese tatsächlich ist, und zeigt zugleich, wo wir die Ursachen für diese Ungerechtigkeit zu suchen haben.

Dewey: Demokratie und Erziehung

Dewey, John (2000, zuerst 1933): Demokratie und Erziehung. Eine Einleitung in die philosophische Pädagogik. Übersetzt von Erich Hylla. Herausgegeben von Jürgen Oelkers. Weinheim/Basel: Beltz.

Die Feststellung, daß Erziehung eine soziale Funktion ist, die die Leitung und Entwicklung der Unreifen durch ihre Teilnahme am Leben ihrer Gruppe sicherstellt, umschließt bereits die weitere, daß die Erziehung je nach der Art des Gruppenlebens in den verschiedenen Gemeinschaften verschieden ist. Im besonderen ist wichtig, daß eine Gesellschaft, die nicht nur im Wandel begriffen ist, sondern diesen Wandel – zum Besseren – als ihren Lebenszweck betrachtet, andere Normen und Methoden der Erziehung haben muß als eine, die lediglich ihren unveränderten Fortbestand erstrebt. Um die bisher dargelegten allgemeinen Gedanken für unsere eigene Erziehungsarbeit verwertbar zu machen, müssen wir uns zunächst mit der Eigenart des gegenwärtigen Gesellschaftslebens näher beschäftigen.

1. Die Kompliziertheit der menschlichen Beziehungen

„Gesellschaft" ist ein Wort, das viele Dinge bezeichnet. Die Menschen treten in der verschiedensten Weise und zu den verschiedensten Zwecken miteinander in Beziehung. Jeder einzelne gehört einer Vielheit verschiedener Gruppen an, in denen seine Genossen ganz verschieden sein können. Oft scheint es, als ob diese verschiedenen Gruppen weiter kein gemeinsames Merkmal hätten, als daß sie Formen des Zusammenlebens sind. Innerhalb jeder größeren Gesellschaftsorganisation gibt es kleinere Gruppen: nicht nur politische Teilgruppen, sondern industrielle, wissenschaftliche, religiöse Vereinigungen: die politischen Parteien mit auseinandergehenden Zielen, soziale Schichten, Cliquen, Banden, Verbände, Teilhaberschaften, durch Bande des Blutes eng verbundene Gruppen, usw. in endloser Mannigfaltigkeit. In vielen modernen Staaten sowie in manchen des Altertums gibt oder gab es sehr verschiedene Bevölkerungsteile, mit verschiedenen Sprachen, Religionen, Sittengesetzen und Überlieferungen. Von diesem Standpunkt aus erscheint manche kleinere politische Einheit, z. B. eine Großstadt, mehr als ein Bündel lose miteinander verbundener sozialer Gruppen, denn als eine umfassende und durchdringende Gemeinschaft des Handelns und Denkens (s. S. 40 ff.).

[...]

Betrachten wir dagegen die mustergültige Familie, so finden wir, daß alle Mitglieder an materiellen, geistigen, künstlerischen Interessen teilhaben, daß der Fortschritt jedes Mitgliedes für die Erfahrung aller übrigen wertvoll ist (es ist leicht, alle anderen an ihm teilhaben zu lassen), daß die Familie als Ganzes nicht isoliert steht, sondern in engste Verbindung mit Arbeitsgruppen, Schulen, allen Kulturfaktoren sowohl wie mit anderen ihr ähnlichen Gruppen tritt, daß sie endlich eine angemessene Rolle in den politischen Gruppen spielt und umgekehrt von ihnen gestützt wird. Kurzum: es gibt in ihr viele gemeinsame, von allen Gliedern geteilte Interessen, es gibt zahlreiche Punkte, in denen eine mannigfaltige und freie Berührung mit anderen Formen des Zusammenlebens erfolgt.

[...]

Es muß eine reiche Mannigfaltigkeit gemeinsamer Unternehmungen und Erfahrungen vorhanden sein. Sonst erziehen die gleichen Einflüsse die einen zu Herren, die anderen zu Sklaven. Die Erfahrung jeder dieser Gruppen verliert an Sinn und Bedeutung, wenn der freie Austausch zwischen den verschiedenen Formen der Lebenserfahrung behindert wird. Die Absonderung einer bevorrechteten von einer Untertanenklasse verhindert die soziale Endosmose. Die Übel, von denen bei diesem Zustande die obere Klasse ergriffen wird, sind weniger materiell und weniger wahrnehmbar, aber ebenso wirklich. Ihre Kultur kommt in die Gefahr, in Unfruchtbarkeit zu erstarren, sich auf sich selbst zurückzuziehen; ihre Kunst wird Schaustellung und Künstelei, ihr Wohlstand Luxus, ihre Wissenschaft überspezialisiert; in ihren Lebensgewohnheiten wird sie wählerisch und inhuman.

Der Mangel an jenem freien und gleichberechtigten Wechselverkehr, der aus einer Mannigfaltigkeit gemeinsamer Interessen entspringt, stört das Gleichgewicht der intellektuellen Anregung. Mannigfaltige und in sich verschiedenartige geistige Anregung bedeutet neuartige Aufgaben, und neuartige Aufgaben fordern das Denken heraus. Je mehr die Betätigungen auf wenige bestimmte Richtungen beschränkt sind — wie es der Fall ist, wenn starre Scheidewände zwischen den Klassen ein angemessenes Wechselspiel der Erfahrungen der verschiedenen Klassen verhindern —, um so mehr werden sie bei der benachteiligten Klasse zu bloßer Routine, bei der materiell besser gestellten unberechenbar, planlos und explosiv.

[...]

Dieses Beispiel (dessen wesentliche Punkte für alle Verbände mit mangelnder oder unzureichender Wechselseitigkeit der Interessen gelten) führt uns zu unserem zweiten Punkte. Die Isolierung und starre Abgeschlossenheit einer Bande oder Clique zeigt und verstärkt zugleich ihren antisozialen Geist. Der gleiche Geist aber findet sich überall, wo eine Gruppe lediglich „ihre eigenen Interessen" hat, die sie von voller Wechselwirkung mit anderen Gruppen ausschließen, so daß der Schutz des Erworbenen, nicht aber ständige Neugestaltung und Fortschritt durch Erweiterung ihrer Beziehungen zu ihrem vorwiegenden Ziel wird. Dieser Geist kennzeichnet Nationen in ihrer Abschließung gegeneinander, Familien, die in ihren häuslichen Angelegenheiten aufgehen, als ob sie mit einem breiteren Leben überhaupt keinen Zusammenhang hätten; Schulen, wenn sie sich von den Interessen des Hauses und der Gemeinde abschließen; die Gruppen der Reichen hier, der Armen dort; die der „Gebildeten" einerseits, der „Ungebildeten" andererseits. Der wesentliche Punkt ist, daß Isolierung die Verknöcherung, die Erstarrung des Lebens in Institutionen, die Entwicklung statischer und selbstsüchtiger Ideale innerhalb der Gruppe begünstigt. Es ist kein Zufall, daß für viele wilde Völkerstämme das Wort „fremd" mit „feindlich" gleichbedeutend ist; die Tatsache erklärt sich daraus, daß sie ihre Erfahrung mit strengem Festhalten an ihren hergebrachten Gewohnheiten gleichgesetzt haben. Von diesem Standpunkt aus ist es durchaus logisch, Wechselverkehr mit anderen zu fürchten — denn solche Berührung könnte möglicherweise die alten Sitten auflösen. Sie würde sicherlich zu ihrer Umgestaltung führen. Es ist ein Gemeinplatz, daß ein waches und ausgreifendes geistiges Leben auf der Ausweitung der Berührungen mit der körperlichen Umwelt beruht. Das Entsprechende gilt noch bestimmter für das Gebiet, wo wir geneigt sind, es zu übersehen: für das Gebiet der sozialen Beziehungen.

Jedes Zeitalter kräftiger Ausbreitung in der Geschichte der Menschheit ist bisher zusammengefallen mit einer Zeit, in der diese oder jene Faktoren die Abstände zwischen früher voneinander getrennten Völkern und Klassen zu beseitigen strebten. Selbst die angeblichen Segnungen des Krieges — soweit sie mehr als „angeblich" sind — entspringen aus der Tatsache, daß Streitigkeiten zwischen den Völkern zum wenigsten Wechselverkehr zwischen ihnen erzwingen und sie so ungewollt in den Stand setzen, voneinander zu lernen und ihren Horizont zu erweitern. Reisen, wirtschaftliche und kaufmännische Tendenzen haben bisher in großem Ausmaß an der Niederbrechung äußerer Schranken gearbeitet, haben Völker und Klassen in engere und deutlicher sichtbare Beziehungen zueinander gebracht. Die geistige und Gefühlsbedeutung dieser physischen Vernichtung des Raumes muß jedoch erst noch erkannt und ausgewertet werden.

2. Das demokratische Ideal

[...]

Mit Bezug auf die Erziehung bemerken wir zunächst, daß eine Form des sozialen Lebens, bei der sich die verschiedenen Interessen wechselseitig durchdringen und Fortschritt oder Neuanpassung ein wichtiges Moment ist, ein stärkeres Interesse der (demokratischen) Gemeinschaft an planmäßiger Erziehung erzeugt als eine anders geartete, bei der weniger Grund für ein solches Interesse vorhanden ist. Daß sich die Demokratie der Erziehung in besonderem Maße hingibt, ist eine bekannte Tatsache. Die oberflächliche Erklärung dafür ist, daß eine auf dem allgemeinen Wahlrecht beruhende Regierung nicht erfolgreich sein kann, wenn diejenigen, die die Regierung wählen und ihr zu gehorchen haben, nicht erzogen sind. Da eine demokratische Regierung den Grundsatz der von außen her wirkenden Autorität zurückweist, muß sie sie durch freiwillige Bereitschaft zur Unterordnung aus Interesse ersetzen; diese kann nur durch Erziehung geschaffen werden. Der letzte Grund liegt jedoch tiefer. Die Demokratie ist mehr als eine Regierungsform; sie ist in erster Linie eine Form des Zusammenlebens, der gemeinsamen und miteinander geteilten Erfahrung. Die Vermehrung der Individuen, die an einer bestimmten Angelegenheit so interessiert sind, daß jeder sein Handeln zu dem der anderen in Beziehung zu setzen und umgekehrt das Handeln der anderen für sein Tun in Rechnung zu stellen hat, und die Vergrößerung des Raumes, über den sie verteilt sind, bedeutet den Niederbruch jener Schranken zwischen Klassen, Rassen und nationalen Gebieten, die es den Menschen unmöglich machten, die volle Tragweite ihrer Handlungen zu erkennen. Diese zahlreicheren und mannigfaltigeren Berührungspunkte bedeuten eine größere Mannigfaltigkeit der Reize, auf die ein Individuum zu antworten hat, und setzen daher einen Preis auf die größere Mannigfaltigkeit seines Handelns. Sie bewirken eine Befreiung der Kräfte, die bei nur einseitigen Anregungen zum Handeln, wie sie in einer isolierten, viele Interessen ausschließenden Gruppe gegeben sind, unterdrückt oder nicht entwickelt werden.

8. Menschenrecht: Bildung als unveräußerliches Grundrecht aller

Mit Beginn der Aufklärung kommt ein Bild in den Diskurs, das sich als „Bildung als allgemeines Menschenrecht“ beschreiben lässt. Mit dem Slogan der Französischen Revolution „Freiheit, Gleichheit, Brüderlichkeit“ wird ein allgemeiner Anspruch auf die Gleichheit aller Menschen proklamiert (dass die Schwestern hier nicht mitgedacht sind, sei vorerst dahingestellt). Von dem Moment an, wo Gleichheit der Menschen als Ziel der Gesellschaft postuliert wird, wird real existierende Ungleichheit zu einem legitimatorischen Problem. Das heißt, der Staat muss sich gegenüber der Öffentlichkeit rechtfertigen, weshalb weiterhin Ungleichheit besteht bzw. muss er Maßnahmen zu deren Reduzierung ergreifen (siehe auch die Argumentation im Bild Meritokratie).

Der Zugang zu Bildung ist dabei ein ganz wesentliches Mittel, denn sie beeinflusst entscheidend, an welcher Stelle des Sozialgefüges ein Mensch positioniert wird und ob und wie Menschen an einer demokratischen Gesellschaft partizipieren können. Das Grundproblem moderner Gesellschaften ist jedoch, dass sich entgegen des Gleichheitsversprechens soziale Ungleichheit immer wieder reproduziert. Reproduktion sozialer Ungleichheit und die Forderung nach deren Abbau gehen daher Hand in Hand. Obwohl die Debatte um Reduzierung sozialer Ungleichheit durch Bildung immer wieder (unterschiedlich stark) geführt wurde, hat sich, wie spätestens die PISA-Ergebnisse zeigten, an der realen Ungleichheit wenig verändert, womit auch eine Grenze pädagogischen und bildungspolitischen Wirkens beschrieben ist. An dieser Stelle setzt das Bild von „Bildung als Menschenrecht“ ein. Dieses fordert 1) das Recht auf gleiche Bildungschancen juristisch zu fixieren und 2) dieses mit bildungspolitischen Maßnahmen zu flankieren, die das Ziel haben, bestehende Ungleichheit weiter zu reduzieren. Staat und Gesellschaft haben damit die Aufgabe, beides sicherzustellen – zumindest, wenn sie beanspruchen, allen Gesellschaftsmitgliedern gleiche Chancen zu gewährleisten.

8.1 Historisches Beispiel

Ein im deutschen Diskurs sehr populäres historisches Beispiel für dieses Bild findet sich in Ralf Dahrendorfs (1929–2009) politischer Schrift *Bildung ist Bürgerrecht*.

Ralf Dahrendorf (1929–2009) war ein deutsch-britischer Soziologe, der sich wissenschaftlich und politisch für eine freie Gesellschaft einsetzte. Sein wissenschaftliches Wirken war zunächst eher industriesoziologisch ausgerichtet. Später setzte er sich mit konflikt- und herrschaftstheoretischen Arbeiten auseinander. Er war nicht nur Wissenschaftler, sondern zeitweise auch realpolitisch aktiv. So war er ab 1988 bei den „Liberal Democrats" aktiv und wurde später Mitglied des „House of Lords" (vgl. Ackermann 2014: 196). Ab dem 12. November 1965 publizierte er eine sechsteilige Artikelserie in der „ZEIT". Diese Artikel waren eine Reaktion auf den Beitrag von Picht (1964). Später erschienen sie in Buchform unter dem Titel *Bildung ist Bürgerrecht*. Das Werk wurde als das „faszinierendste Bildungsbuch der Nachkriegsgeschichte" (Hartung 2015) bezeichnet. Wie die Beiträge von Picht prägten auch die Artikel von Dahrendorf stark die öffentliche und wissenschaftliche Debatte sowie die Bildungsreformen in Westdeutschland.

Ähnlich wie Georg Picht reagierte auch Dahrendorf auf den mangelhaften Zustand des Bildungssystems der BRD in den 1960er Jahren. Im Unterschied zu Picht, der auf die wirtschaftlichen Folgen einer ungleichen Bildung hinweist, betont Dahrendorf, dass Bildung ein Bürgerrecht für alle sein müsse. Es reicht nach Dahrendorf nicht aus, dass eine Bildung für alle *erlaubt* sei, sondern diese muss *aktiv* ermöglicht werden. Das heißt, der Staat hat nicht nur die Aufgabe Bildungsinstitutionen zu schaffen, sondern auch die Pflicht, dafür zu sorgen, dass diese von allen Kindern genutzt werden können. Bildung ist damit für Dahrendorf das Fundament dafür, dass eine demokratische Gesellschaft ihr Gleichheitsversprechen einhält. Das Recht auf Bildung müsse zuallererst als ein Grundrecht aller Bürger*innen betrachtet werden, auf dessen Fundament sie als Staatsbürger*innen stehen und aktiv werden können (vgl. Dahrendorf 1968: 23). Daraus folgt jedoch auch, dass es keine systematische Bevorzugung oder Benachteiligung von Personen aufgrund von Merkmalen wie Herkunft oder wirtschaftlicher Lage geben dürfe (ebd.: 24).

Im Unterschied zum Bild „Ressourcennutzung" geht es ihm nicht um Bildung als Wirtschaftsfaktor. Bildungspolitik sei weitaus mehr als eine „Magd der Wirtschaftspolitik". Sie könne daher nur in Verbindung mit dem Gedanken eines Bürgerrechts auf Bildung erfolgen (vgl. ebd.: 22f.). Wichtige Grundpfeiler seien (1) eine intensive Grundausbildung, die zur Übernahme staatsbürgerlicher Rechte und Pflichten befähige, (2) das Recht auf eine der eigenen Leistungsfähigkeit entsprechende Ausbildung und (3) die Verpflichtung staatlicher Institutionen, die Ausübung dieser Rechte zu gewährleisten. Die Bedeutsamkeit dieser drei Punkte unterstreicht Dahrendorf, indem er vorschlägt, sie als Artikel in die Verfassung aufzunehmen (vgl. ebd.: 23). So formuliert er:

> Um eine freie Gesellschaft zu errichten und zu erhalten, ist es jedenfalls unumgänglich, daß jeder Mensch Bürger sein darf im Sinne der rechtlichen Chancen und Bürger sein kann im Sinne der sozialen Realität. Hier hat das Bürgerrecht auf Bildung seinen Sinn für die Ordnung einer Gesellschaft (ebd.: 26).

Argumente, die auf eine zu geringe Begabung mancher Personen und Bevölkerungsgruppen abzielen, entkräftet Dahrendorf, indem er darauf hinweist, dass Begabung nicht statisch sei, sondern eine dynamische Größe. Unter günstigen Umständen könnten neue Begabungen entwickelt werden, genauso wie sie unter ungünstigen Umständen zurückgehen könnten (vgl. ebd.: 56). Anstatt jedoch selektiv eine Förderung benachteiligter Bevölkerungsgruppen zu fordern formuliert Dahrendorf die allgemeine Forderung nach mehr Bildung für mehr Menschen (vgl. ebd.: 28). Das Bürgerrecht auf Bildung umfasst dabei nicht nur diejenigen, die potenziell zu einem hohen Bildungsabschluss in der Lage wären, sondern soll auch mit einem Ausbau der Haupt-, Real- und Sonderschulen einhergehen (vgl. ebd.: 32), d. h. uneingeschränkt alle Personengruppen einbeziehen.

In der Vorstellung Dahrendorfs sind somit zwei Elemente zentral: die Verankerung des Rechts auf Bildung in der Verfassung, womit dieses Recht unveräußerlich, dauerhaft und einklagbar würde, und aktive Maßnahmen des Staats, um allen Bürgern zu ermöglichen, dieses Recht auch vollumfänglich wahrnehmen zu können. Letzteres ist notwendig, da Menschen unterer Sozialgruppen mitunter nur begrenzt dazu in der Lage sind, die ihnen juristisch zustehenden Rechte wahrzunehmen.

8.2 Pädagogische und bildungspolitische Konsequenzen

Wenn der Zugang zu gleicher Bildung ein Recht für alle ist, ist der Staat juristisch und politisch in die Pflicht genommen, das Bildungssystem so zu gestalten, dass soziale Ungleichheit reduziert wird. Das heißt, a) das Recht auf Bildung muss jederzeit durch Einzelne und Gruppen einklagbar sein und b) muss der Staat seinerseits aktive Bemühungen unternehmen, bisher ausgeschlossene Personengruppen so in das Bildungssystem zu integrieren, dass sich diese entsprechend ihren Fähigkeiten und Interessen entwickeln können. Für den Fall, dass es trotzdem zu Benachteiligungen aufgrund sozialer Herkunft, Geschlecht, Religion, Ethnizität etc. kommt, ist dies einklagbar – sowohl gegenüber dem Staat als auch von Jugendlichen gegenüber ihren Eltern, wenn diese einen weiterführenden Bildungsweg nicht fördern wollen.

Ein solches Recht auf Bildung kann dabei nicht nur passiv gewährt werden, sondern erfordert die aktive Unterstützung der involvierten Institutionen. Hemmnissen und struktureller Benachteiligung muss aktiv entgegengewirkt werden, damit auch benachteiligte Bevölkerungsgruppen von ihrem Bürgerrecht auf Bildung Gebrauch machen können. Das Bildungssystem müsste von daher so gestaltet sein, dass es allen Mitgliedern der Gesellschaft gleichermaßen Zugänge eröffnet. Dies bedeutet im Prinzip eine möglichst lange gemeinsame Beschulung, um auf diese Weise sicher feststellen zu können, welche Kinder für weiterführende Bildungswege geeignet sind. Aufgrund unterschiedlicher Begabungen und Neigungen ist irgendwann durchaus eine Differenzierung notwendig. Die unterschiedlichen Schul- oder Ausbildungstypen, in denen Kinder und Jugendliche ihren Bildungsweg fortsetzen, müssten staatlicherseits genauso gut unterstützt und finanziell gefördert werden. Das heißt, in die Universitäten müsste genauso viel investiert werden, wie in eine Berufsausbildung oder Förderschule. Dies deshalb, da alle Kinder und Jugendlichen – unabhängig von ihren Begabungen und Fähigkeiten – gleichermaßen ein allgemeines Menschenrecht auf eine optimale Bildung haben. Ziel ist es eben nicht, nur eine kleine Elite zu fördern, sondern alle Bürger*innen als relevante gesellschaftliche Akteur*innen zu betrachten.

8.3 Aktuelle Beispiele

Die Debatte um ein „Recht auf Bildung" setzte bereits unmittelbar nach Ende des Zweiten Weltkriegs ein, als zentrale internationale Resolutionen und Abkommen verabschiedet wurden, die bis heute Gültigkeit besitzen und auch in der aktuellen Debatte eine große Rolle spielen, beispielsweise um das Recht auf Bildung für Flüchtlingskinder. Diese internationalen Abkommen sind für Deutschland von besonderer Bedeutung, da im Grundgesetz ein Recht auf Bildung nicht explizit formuliert wird. Dieses ergibt sich aber „aus dem einschlägigen Freiheitsrecht (Artikel 12, Abs. 1, Artikel 2, Abs. 1 GG) in Verbindung mit dem Gleichheitsgrundsatz (Artikel 3 GG)" (Deutscher Bundestag 2006: 2).[9]

Völkerrechtliche Verträge sprechen bezüglich des „Rechts auf Bildung" eine sehr viel deutlichere Sprache als das Grundgesetz. Die früheste diesbe-

9 https://www.gesetze-im-internet.de/gg/BJNR000010949.html [Letzter Zugriff 16.10.2020].

zügliche Erklärung stellt die Deklaration der Allgemeinen Menschenrechte durch die Vereinten Nationen vom 10. Dezember 1948 dar, in der das Recht auf Bildung in Artikel 26 festgeschrieben wurde:

> Jeder Mensch hat das Recht auf Bildung. Die Bildung ist unentgeltlich, zumindest der Grundschulunterricht und die grundlegende Bildung. Der Grundschulunterricht ist obligatorisch. Fach- und Berufsschulunterricht müssen allgemein verfügbar gemacht werden, und der Hochschulunterricht muss allen gleichermaßen entsprechend ihren Fähigkeiten offenstehen.[10]

In dieser Deklaration ist somit das Recht auf Bildung zumindest in den Grundschulen und als „grundlegende Bildung“ festgeschrieben. Im Unterschied zur Forderung Dahrendorfs enthält diese Deklaration aber keinerlei Elemente einer aktiven Bildungspolitik im Sinne dessen, dass der Staat auch eine Verantwortung dafür hat, seinerseits dafür Sorge zu tragen, dass wirklich allen Menschen gleichermaßen eine Bildung zuteilwird. Wenn Eltern beispielsweise für ihre Töchter einen über die Grundbildung hinausreichenden Unterricht nicht für erforderlich halten, wäre der Wunsch der Tochter auf einen weiteren Bildungsweg (z. B. Ausbildung) durch diese Deklaration nicht abgesichert.

Im „Internationalen Pakt über wirtschaftliche, soziale und kulturelle Rechte“ (International Covenant on Economic, Social and Cultural Rights, ICESCR) vom 16.12.1966 wurde die UN-Deklaration noch erweitert.[11] Dieses Abkommen geht über das Recht auf eine unentgeltliche Grundschulbildung hinaus und fordert auch, dass „die verschiedenen Formen des höheren Schulwesens“ sowie der „Hochschulunterricht jede geeignete Weise, insbesondere durch allmähliche Einführung der Unentgeltlichkeit, jedermann gleichermaßen entsprechend seinen Fähigkeiten zugänglich gemacht werden muss“ (Artikel 13.2b/c). In diesem Abkommen werden auch aktive bildungspolitische Maßnahmen beschrieben, wie „die Entwicklung eines Schulsystems auf allen Stufen aktiv voranzutreiben, ein angemessenes Stipendiensystem einzurichten und die wirtschaftliche Lage der Lehrerschaft fortlaufend zu verbessern“ (Artikel 13.2e). Im Jahre 2018 wurde dann in einem Zusatzprotokoll die Einrichtung einer Individualbeschwerdemöglichkeit verabschiedet.[12] Diese ermöglicht es natürlichen Personen(gruppen) oder Nichtregierungsorganisa-

---

10 https://www.amnesty.de/alle-30-artikel-der-allgemeinen-erklaerung-der-menschenrechte [Letzter Zugriff 16.10.2020].

11 https://www.ohchr.org/en/professionalinterest/pages/cescr.aspx [Letzter Zugriff 17.11.2020].

12 https://treaties.un.org/doc/Publication/CTC/Ch_IV_3_a.pdf [Letzter Zugriff 16.10.2020].

tionen, eine Verletzung der Rechte geltend zu machen. Deutschland hat dieses Zusatzprotokoll bisher nicht ratifiziert.[13]

Auch in dem am 2. September 1980 in Kraft getretenen „Übereinkommen über die Rechte des Kindes“ (Convention on the Rights of the Child, CRC, kurz Kinderrechtskonvention) ist ein Recht auf Bildung verankert (Artikel 28).[14] Am 3. Mai 2010 nahm die Bundesregierung

> die bei der Ratifizierung der Kinderrechtskonvention abgegebene Vorbehaltserklärung zurück, so dass die UN-Kinderrechtskonvention nur für alle Kinder und Jugendlichen unabhängig von ihrem Aufenthaltsstatus oder ihrer (vermuteten) Aufenthaltsdauer und somit auch für Asylsuchende uneingeschränkt Anwendung findet (Weiser 2016: 9).

Auch das von der UN-Generalversammlung am 29.12.2011 verabschiedete Fakultativprotokoll, das „bei schwerwiegenden und systematischen Menschenrechtsverletzungen ein Individualbeschwerdeverfahren vorsieht“ (Weiser 2016: 9), wurde von Deutschland unterzeichnet und ratifiziert. Jedoch haben „weder die Menschenrechtsgremien der Vereinten Nationen noch ihre Beauftragten [...] Sanktionsmittel“ (Krappmann 2007: 11). Daher stellen diese Vereinbarungen eine Art Selbstverpflichtung der beteiligten Staaten dar und sind keine verbindliche Rechtsquelle des Völkerrechts. Der Menschrechtsausschuss der UN kann Sonderberichterstatter einsetzen, die die Funktion haben, die Einhaltung der Vereinbarungen in den beteiligten Ländern zu überprüfen, im Rahmen der UN darüber zu berichten und den Staaten Empfehlungen zur Verbesserung der Situation zu geben. Die Regierungen sind allerdings nicht dazu verpflichtet, „sich an Rat und Empfehlungen zu halten“ (Krappmann 2007: 11) – eine Situation, wie sie von Menschenrechtsorganisationen schon lange kritisiert wird (vgl. ebd.).

Zur Überprüfung der Einhaltung der mit der Unterzeichnung der völkerrechtlichen Verträge anerkannten Vereinbarungen weilte im Frühjahr 2006 Vernor Muñoz als UN-Sonderberichterstatter für das Menschenrecht auf Bildung in Deutschland (vgl. Overwien/Prengel 2007). Grundlage für seine Beurteilung waren die von Deutschland unterzeichneten völkerrechtlichen Verträge. Dabei ging es ihm „um den menschenrechtlichen Anspruch eines jeden Kindes, im Bildungswesen Hilfe zum Erreichen der Ziele zu erhalten, die

13 https://treaties.un.org/Pages/ViewDetails.aspx?src=TREATY&mtdsg_no=IV-3-a&chapter=4&lang=en [Letzter Zugriff 16.10.2020].

14 https://www.bmfsfj.de/blob/93140/78b9572c1bffdda3345d8d393acbbfe8/uebereinkommen-ueber-die-rechte-des-kindes-data.pdf [Letzter Zugriff 16.10.2020].

seit der Allgemeinen Erklärung der Menschenrechte jedem Menschen zugesagt sind“ (Krappmann 2007: 14)

Muñoz kommt in seinem Bericht zu einer ausgesprochen kritischen Einschätzung Deutschlands. So kritisiert er die hohe soziale Selektivität des deutschen Schulsystems sowie die Benachteiligung von Flüchtlingskindern und Kindern mit Behinderung. Er legt der deutschen Regierung

> eindringlich nahe, das mehrgliedrige Schulsystem, das sehr selektiv und sicher auch diskriminierend ist, noch einmal zu überdenken. In der Tat geht der Sonderberichterstatter davon aus, dass bei dem Auswahlprozess, der im Sekundarbereich I stattfindet (das Durchschnittsalter der Schüler liegt abhängig von den Regelungen der einzelnen Länder bei 10 Jahren), die Schüler nicht angemessen beurteilt werden und dieser statt inklusiv zu sein exklusiv ist. Er konnte im Verlaufe seines Besuchs beispielsweise feststellen, dass sich diese Einordungssysteme auf arme Kinder und Migrantenkinder sowie Kinder mit Behinderung negativ auswirken.[15]

Bezüglich der Integration von Kindern mit Behinderung kam es in Folge des 2008 in Kraft getretenen „Übereinkommen über die Rechte von Menschen mit Behinderungen“ (Convention on the Rights of Persons with Disabilities, CRPD) zu bildungspolitischen Veränderungen in Deutschland. In dieser Erklärung „anerkennen die Vertragsstaaten das Recht von Menschen mit Behinderung auf Bildung“ (Artikel 24 Abs. 1). Auch sollen die Vertragsstaaten sicherstellen, „dass Menschen mit Behinderung ohne Diskriminierung und gleichberechtigt mit anderen Zugang zu allgemeiner Hochschulbildung, Berufsausbildung, Erwachsenenbildung und lebenslanges Lernen haben“ (Art. 24 Abs. 5). Zur Umsetzung dieser Ziele in der CRPD wurden auch ganz konkrete Maßnahmen im Sinne einer aktiven Bildungspolitik formuliert.[16] In jüngster Zeit wurden in Deutschland verstärkte Bemühungen unternommen, um Menschen mit Behinderung in das Regelschulwesen zu integrieren.

Auch bezüglich der Kritik an der fehlenden Beschulung von Flüchtlings- und Migrantenkindern kam es in jüngster Zeit in Deutschland zu gewissen Nachkorrekturen. Hier stellte der Sonderberichterstatter fest, dass in Deutsch-

15 Sekretariat der Ständigen Konferenz der Kultusminister der Länder in der Bundesrepublik Deutschland (Bonn, 31.1.2007) Arbeitsübersetzung. Vereinte Nationen Generalversammlung. Bericht des Sonderberichterstatters, Vernor Muñoz, https://rundschau-hd.de/wp-content/uploads/arbeitsubersetzung_munoz-bericht.pdf [Letzter Zugriff 16.10.2020].

16 https://www.institut-fuer-menschenrechte.de/das-institut/monitoring-stelle-un-brk/berlin [Letzter Zugriff 17.11.2020].

land „eine völlige Trennung zwischen den Einwanderungsgesetzen und dem Recht auf Bildung“ (Muñoz 2007: 20) besteht. Das heißt, die deutschen Einwanderungsgesetze verhinderten, dass Flüchtlingskinder ihr Recht auf Bildung wahrnehmen konnten. Diese und andere Kritik der Bildungspolitik gegenüber Flüchtlingen und Asylsuchenden hat in jüngster Zeit zu gewissen Nachkorrekturen der jeweiligen Ländergesetzgebungen geführt, wobei gerade die Situation für Kindern, die sich ohne Aufenthaltsrecht, Aufenthaltsgestattung oder Duldung, d. h. ohne Kenntnis der Ausländerbehörde, also in der aufenthaltsrechtlichen Illegalität, in Deutschland aufhalten, deutlich schwieriger ist. Hier kommen Funk, Karakaşoğlu und Vogel (2015: 13) zu dem Schluss, dass „aus politischer Sicht der Schulbesuch von papierlosen Kindern möglich, aus grund- und menschenrechtlicher Sicht [...] geboten, aus landesrechtlicher Sicht zumindest zulässig, aber nach Erfahrungen in der Beratungspraxis vielerorts schwer zu realisieren“ ist. Das Menschenrecht auf Bildung ist damit für diesen Personenkreis nach wie vor nur begrenzt umgesetzt.

Muñoz legt in seinen abschließenden Empfehlungen der Bundesregierung nahe, das „Recht auf Bildung in die Verfassung der Länder und in das Grundgesetz aufzunehmen“ (Muñoz 2007: 25). Ein solches uneingeschränktes Recht auf Bildung für alle Menschen ist nach wie vor weder im Grundgesetz noch in den Landesgesetzen explizit verankert. So ist hier eine Berufung auf internationales Recht erforderlich – wenn dieses auch nur begrenzt justiziabel ist.

8.4 Arbeitsfragen

1. Warum stellt soziale Ungleichheit für demokratische Gesellschaften ein legitimatorisches Problem dar?
2. Was würde sich in Deutschland verändern, wenn ein „Recht auf Bildung“ verfassungsrechtlich verankert würde?
3. Was ist notwendig, um ein „Recht auf Bildung“ für alle Personengruppen praktisch umzusetzen?
4. Picht und Dahrendorf haben ihre Publikationen zur westdeutschen Bildungsmisere etwa zeitgleich publiziert. Worin unterscheiden sich diese beiden Positionen?

Dahrendorf: Bildung ist Bürgerrecht

Dahrendorf, Ralf (1968, zuerst 1965): Bildung ist Bürgerrecht. Plädoyer für eine aktive Bildungspolitik. Hamburg: Christian Wegner Verlag.

Es gibt einen Bedarf an wohlausgebildeten Menschen für alle Berufe, an hochqualifizierten Menschen für viele Berufe. Manches spricht dafür, daß der Bedarf der letzteren zunimmt; auch Eick berichtet, daß sämtliche von ihm befragten Unternehmen mit einem allmählich steigenden Akademikerbedarf rechnen. Da die Frage, in welche Berufe denn Menschen mit höherer Schul- und Hochschulbildung gehen, was sie also mit ihrer Bildung anfangen können, nicht nur für die Betroffenen wichtig ist, haben diese Bedarfserwägungen ohne Frage ihre Bedeutung. Aber auch sie können allenfalls eine reaktive Bildungspolitik begründen, eine Politik zumal, die auf höchst ungewisse Antizipationen reagiert. Daß diese Politik unfreiwillig richtig sein, nämlich zum richtigen Ziel führen kann, enthebt uns nicht der Notwendigkeit, die Berechtigung des Ziels zu begründen. Wirtschaftswachstum, die Nachfrage nach hochqualifizierten Arbeitskräften und die Entwicklung des Bildungswesens hängen gewiss zusammen; aber der Zusammenhang läßt sich nicht umkehren. Die Entwicklung des Bildungswesens hat Voraussetzungen und Folgen, die der Nexus mit dem Wirtschaftswachstum einfach zu harmlos erscheinen läßt. Bildungspolitik ist unendlich viel mehr als Magd der Wirtschaftspolitik. Ihre überzeugende Begründung greift daher weit über den Appell an den Geldbeutel hinaus; sie kann – so möchte ich behaupten und auch argumentieren – nur in Anknüpfung an den Gedanken eines Bürgerrechtes auf Bildung erfolgen. Das klingt zunächst nebelhaft und idealistisch. Aber so wie die scheinbar handfesten Motive des Wirtschaftswachstums, der Anpassung an sozialen „Druck“, des internationalen Vergleichs, des Bedarfs sich bei näherer Betrachtung verflüchtigen, so läßt das scheinbar flüchtige Motiv einer Bildungspolitik im Interesse menschlicher Rechte sich genau und bestimmt fassen.

Der baden-württembergische Schulentwicklungsplan hat dies auf seine Weise getan, indem er sich auf einen Artikel der Landesverfassung berief, der in ähnlicher Form in den Verfassungen der meisten deutschen Länder erscheint:

(1) Jeder junge Mensch hat ohne Rücksicht auf Herkunft oder wirtschaftliche Lage das Recht auf eine seiner Begabung entsprechende Erziehung und Ausbildung.

(2) Das öffentliche Schulwesen ist nach diesem Grundsatz zu gestalten (Artikel II der gen. Verfassung).

Doch trägt diese Formulierung des Bürgerrechtes, auf das es ankommt, allzu deutlich die Spuren der sozialen Frage des 19. Jahrhunderts. Daß die soziale Frage in Deutschland noch immer nicht gelöst ist, macht einen der Gründe für die Notwendigkeit einer aktiven Bildungspolitik aus; das Problem aber ist allgemeiner. Die Verfassungsartikel, aus denen eine aktive Bildungspolitik sich entwickeln läßt, müßten lauten:

(1) Jeder Mensch hat ein Recht auf eine intensive Grundausbildung, die ihn befähigt, von seinen staatsbürgerlichen Rechten und Pflichten wirksamen Gebrauch zu machen.

(2) Jeder Mensch hat ein Recht auf eine seiner Leistungsfähigkeit entsprechende weiterführende Ausbildung.

(3) Es ist die Pflicht der staatlichen Instanzen, dafür Sorge zu tragen, daß diese Rechte ausgeübt werden können.

Das Bürgerrecht auf Bildung hat wenigstens drei Aspekte, die zwar alle demselben Prinzip entspringen, sich aber nicht eindeutig in eine Formel fassen lassen. Das Bürgerrecht auf Bildung ist zunächst ein soziales Grundrecht aller Bürger, das gleichsam den Fußboden absteckt, auf dem jeder Staatsbürger stehen darf und muß, um als solcher tätig zu werden. Dieses Recht ergänzt die anderen großen Bürgerrechte vor dem Gesetz und im Staate. Es hat in der allgemeinen Schulplicht seine erste konkrete Gestalt gefunden und ist seither ständig durch neue Inhalte ergänzt worden. Dieser Prozeß der Ergänzung wird nie abgeschlossen sein; so wie heute die elementare *literacy*, das Lesen- und Schreibenkönnen, als Ausstattung des Staatsbürgers nicht mehr zureicht, mag morgen schon die Kenntnis einer Fremdsprache, gewisser Elemente der Mathematik und der Grundtatsachen des sozialen, wirtschaftlichen und politischen Lebens – sämtlich noch längst nicht selbstverständlich – ein unzulänglicher Inhalt dieses Bürgerrechts sein. Der zweite Aspekt des Bürgerrechts auf Bildung betrifft die Chancengleichheit in jenem rechtlichen Sinne, in dem dieser Begriff zumeist gemeint ist. Es darf keine systematischen Bevorzugungen oder Benachteiligungen bestimmter Gruppen auf Grund leistungsfremder Merkmale wie Herkunft oder wirtschaftlicher Lage geben.

Aber die umwälzende Kraft des Bürgerrechtes auf Bildung liegt in seinem dritten Aspekt. Rechtliche Chancengleichheit bleibt ja eine Fiktion, wenn Menschen auf Grund ihrer sozialen Verflechtungen und Verpflichtungen nicht in der Lage sind, von ihren Rechten Gebrauch zu machen. Wer seine Kinder zwar auf die höhere Schule schicken darf, aber durch den Kenntnis- und Wunschhorizont seiner sozialen Lage – als Katholik etwa, oder als Arbeiter, als Dorfbewohner – gar nicht auf den Gedanken kommt, dies auch zu tun, ist ein sehr abstrakter Staatsbürger, ein Staatsbürger der Theorie, doch nicht der Realität. Daß jede Chance zwei Seiten hat, die der objektiven Möglichkeit – der Erlaubnis – und die der subjektiven Möglichkeit – der Fähigkeit –, ist ein Gedanke, der fast so alt ist wie die modernen Verfassungen, die dennoch immer wieder Menschen Dinge erlauben, ohne sie in die Lage zu versetzen, ihre Rechte auch auszunutzen. Das Recht aller Bürger auf Bildung nach ihren Fähigkeiten bliebe daher unvollständig ohne das Zerbrechen aller ungefragten Bindungen, also den Schritt in eine moderne Welt aufgeklärter Rationalität. Um dieses Bürgerrecht zu garantieren, reicht auch die beste Verfassung nicht; hier ist vielmehr Politik nötig. Darum begründet das Prinzip des Bürgerrechtes auf Bildung eine aktive Bildungspolitik.

Aktive Bildungspolitik zur Verwirklichung der Bürgerrechte ist die große Aufgabe der inneren Politik in Deutschland. Es gibt seit langem eine allgemeine Schulpflicht, wenngleich diese in bestimmten Bereichen noch immer eingeschränkt ist, ihre Dauer der Entwicklung bedarf und ihre Inhalte nicht unbedingt allen Ansprüchen genügen, die ein wacher Bürger stellt. Es gibt die formelle Chancengleichheit, obwohl auch diese noch mehr Begrenzungen kennt als die Länderverfassungen und das Grundgesetz sie erlauben. Die Modernisierung der Gesellschaft aber, die Herauslösung der Menschen aus ihren ungefragten Bindungen und Befreiung zur Möglichkeit, ihre Rechte auch wahrzunehmen, ist in Deutschland noch immer nur sehr unvollkommen verwirklicht. Es ist Mode geworden, die Bedeutung der Bildungspolitik heute mit der der Sozialpolitik der Vergangenheit zu vergleichen. Der Vergleich ist berechtigt, aber für Deutschland nicht dramatisch genug. Der Bildungspolitik stellt sich bei uns das deutsche Problem der *civil rights*, das dem der faktischen Befreiung der Farbigen in den Vereinigten Staaten an Pathos und Bedeutung nicht nachsteht. Bildungspolitik in der Bundesrepublik ist also noch längst nicht ein Mittel, um das Leben der Menschen angenehmer und reicher zu machen, sondern vielfach noch immer ein Instrument, um Menschen die Teilnahme am Leben der Gesellschaft überhaupt erst zu ermöglichen. Ihre Aufgaben sind weit fundamentaler als etwa in Großbritannien oder den Vereinigten Staaten. Mit der Bereitschaft zu einer Bildungspolitik für die Verwirklichung des Rechtes auf volle Teilnahme aller Bürger am Leben der Gesellschaft entscheidet sich für Deutschland mit dem Weg in die Modernität auch der in die Freiheit.

[...]

Bürgerrechte sind notwendig *gleiche* Bürgerrechte. Doch ist das Plädoyer für eine aktive Bildungspolitik zur Sicherung der Bürgerrechte kein Plädoyer für die soziale Gleichheit. Eine freie Gesellschaft ist immer auch eine Gesellschaft, die der Ungleichheit weiten Raum gibt – solange und insoweit diese nicht den unentbehrlichen gemeinsamen Grundstatus aller Bürger verletzt. Wenn eine aktive Bildungspolitik in Deutschland zunächst gewisse Gleichheitsforderungen mit sich bringt, dann nur darum, weil dieser gleiche Grundstatus noch nicht hinlänglich gesichert ist. Das darf entschieden nicht zu einer Politik führen, die die Gleichheit zuerst und die Freiheit später anzupacken beabsichtigt; wer sich auf eine solche Reihenfolge einläßt, kommt mit einiger Sicherheit nie zur Freiheit. Eine Gesellschaft, die den Anspruch erhebt, eine freie Gesellschaft zu sein, wird auch bei der Durchsetzung der Bürgerrechte der Phantasie sozialer Formen, der Ungleichartigkeit der Wege und der Vielfalt menschlicher Qualitäten Rechnung tragen. Daß Eliteschulen und demokratische Institutionen sich nicht vertragen, ist eines jener fundamental-demokratischen Mißverständnisse, dem man vorzugsweise in Ländern verfällt, in denen die Verfassung der Freiheit nur mühsam eine Heimat findet. Edding sieht mit Recht ein Merkmal freier Gesellschaften darin, daß sie die „gleiche" und die „besondere Bildungschance" miteinander verbinden. Wenn jedoch in Deutschland von einer Bildungspolitik die Rede ist, dann scheint mir in der Tat die Transformation des Bildungswesens sowie der Haltung der Menschen zu seinen Einrichtungen im Interesse der sicheren Etablierung gleicher Bürgerrechte die erste Aufgabe zu sein.

Anhang

Bild	Ursachen von Ungleichheit	Ungleichheit ein Problem?	Funktion von Bildung/Bildungspolitik
1. Eliteförderung 1.1 Relative Beweglichkeit der Begabungen	Vorherbestimmte ungleiche Anlagen aufgrund der biologischen Grundausstattung des Menschen; Begabungen stärker in oberen Sozialgruppen vorhanden – entsprechend sind Menschen auch unterschiedlich viel „wert“	Nein, wenn alle Menschen gesellschaftliche Positionen entsprechend ihrer Begabungen einnehmen	Bildungssystem hat Funktion die Besten aus der Bevölkerung zu erkennen und vor allem diese besonders zu fördern.
1.2 Volksbiologische Argumentationen		Nein, da die wenigen Talentierten in unteren Sozialschichten/„Rassen“ nicht relevant sind bzw. es Gründe gibt, dass sie unten bleiben müssen	Bildungssystem ist von vornherein auf die oberen Sozialgruppen ausgerichtet, da für diese das größte Potenzial angenommen wird. Mögliche Talente in unteren Sozialgruppen sind eine vernachlässigbare Größe und begründen keine spezifischen bildungspolitischen Maßnahmen
2. Gleichheit in der Ungleichheit	Menschen sind gottgegeben unterschiedlich, aber gleichwertig	Nein, wenn allen Menschen ein „gutes“ Leben möglich ist	Alle Menschen müssen gut gebildet werden. Dabei können Bildungswege durchaus unterschiedlich sein, sind aber bei aller Unterschiedlichkeit vollkommen gleichwertig.
3. Anregungspotenzial	Keine Aussage	Nein, da Situation derer die „unten“ sind nicht im Fokus steht	Bildungspolitik richtet sich nach den Bedarfen der oberen Sozialschichten/der Männer
4. Fortschrittsglaube	Ungleichheit entspricht dem Entwicklungsstand der Gesellschaft	Ja, weil diese der Vervollkommnung der Menschheit im Wege steht und weil zu große Klassenunterschiede zu sozialen Unruhen führen können	Eigentlich ist spezifische Bildung nicht erforderlich, weil Reduzierung von Ungleichheit ein natürlich ablaufender Prozess ist, aber man kann diesen Prozess auch befördern, weil dies die Entwicklung der menschlichen Gesellschaft vorantreibt

Bild	Ursachen von Ungleichheit	Ungleichheit ein Problem?	Funktion von Bildung/Bildungspolitik
5. Meritokratie	Menschen sind von Natur aus unterschiedlich begabt und geben sich aber auch unterschiedlich viel Mühe	Nein, weil diejenigen, die begabt und leistungswillig sind gerechterweise in besseren Positionen sind; wer „unten" ist, ist selbst schuld	Bildungssystem muss alle Leistungswilligen und Begabten unabhängig von sozialer Herkunft, Geschlecht, Ethnizität u. a. fördern
6. Bildungsmonopol	Gesellschaftliche Kapital- und damit Machtverhältnisse	Ja, sich die soziale Ungleichheit der Gesellschaft immer weiter reproduziert; unter Sozialschichten bekommen keine Chance	Das Bildungssystem muss für alle Sozialgruppen gleichermaßen offen sein. Ein Bildungssystem kann aber nur dann für alle offen sein, wenn die ökonomischen Grundlagen der Gesellschaft verändert werden
7. Ressourcennutzung 7.1 Ökonomische Nutzung der Begabungsreserven	Bestehende Bildungssystem ist nicht in der Lage alle Ressourcen zu entwickeln	Ja, weil die Gesellschaft insgesamt ökonomischen Schaden nimmt	Bildung ist eine Notwendigkeit zur ökonomischen und demokratischen Entwicklung der Gesellschaft
7.2 Nutzung von Vielfalt als Notwendigkeit demokratischer Gesellschaften		Ja, eine demokratische Gesellschaft für ihre Entwicklung die Vielfalt braucht	
8. Menschenrecht	Status quo	Ja, weil Ungleichheit nicht dem Gleichheitsversprechen moderner Gesellschaften entspricht	Jedem Menschen steht ein Recht auf Bildung zu und die Gesellschaft hat die Verpflichtung dieses zu gewähren

Tabelle 1: Gesamtübersicht über die im Text dargestellten Bilder

Literatur

Ackermann, Ulrike (2014): Ralf Dahrendorf: Gesellschaft und Freiheit. In: Salzborn, Samuel (Hrsg.): Klassiker der Sozialwissenschaften. 100 Schlüsselwerke im Portrait. Wiesbaden: Springer VS, S. 196–200.

Alt, Robert (1978): Das Bildungsmonopol. Berlin: Akademie-Verlag.

Bathke, Gustav-Wilhelm (1985): Sozialstrukturelle Herkunftsbedingungen und Persönlichkeitsentwicklung von Hochschulstudenten. Theoretisch-empirische Studie. Institut für Soziologie. Berlin/Leipzig. Dissertartion.

Baumert, Jürgen/Klieme, Eckhard/Neubrand, Michael/Prenzel, Manfred/Schiefele, Ulrich/Schneider, Wolfgang/Schümer, Gundel/Stanat, Petra/Tillmann, Klaus-Jürgen/Weiß, Manfred (Hrsg.) (2001): PISA 2000. Basiskompetenzen von Schülerinnen und Schülern im internationalen Vergleich. Deutsches PISA-Konsortium. Opladen: Leske + Budrich.

Beck, Ulrich (1986): Risikogesellschaft. Auf dem Weg in eine andere Moderne. Frankfurt am Main: Suhrkamp.

Bell, Daniel (1972): Meritocracy and Equality. In: Public Interest, 29(1), pp. 29–68.

Berliner Kommuniqué (2003). Den Europäischen Hochschulraum verwirklichen. Kommuniqué der Konferenz der europäischen Hochschulministerinnen und -minister am 19. September 2003 in Berlin. https://www.sbfi.admin.ch/dam/sbfi/de/dokumente/2003_berlin_kommunique.pdf.download.pdf/2003_berlin_kommunique.pdf [Zugriff: 18.08.2020].

Blossfeld, Hans-Peter/Shavit, Yossi (1993): Dauerhafte Ungleichheiten. Zur Veränderung des Einflusses der sozialen Herkunft auf die Bildungschancen in dreizehn industrialisierten Ländern. In: Zeitschrift für Pädagogik, 34(1), S. 25–52.

Boal, Augusto (1989): Theater der Unterdrückten. Übungen und Spiele für Schauspieler und Nicht-Schauspieler. Frankfurt am Main: Suhrkamp.

Bolle, Rainer (2009): Jean-Jacques Rousseau: Émile ou de l'éducation. In: Böhm, Siegfried/Fuchs, Birgitta/Seichter, Sabine (Hrsg.): Hauptwerke der Pädagogik. Paderborn/München/Wien/Zürich: Schöningh, S. 358–387.

Bohnsack, Fritz (2003): John Dewey (1859–1952). In: Tenorth, Heinz-Elmar (Hrsg.): Klassiker der Pädagogik: Von John Dewey bis Paulo Freire, Band 2, München: Beck, S. 44–60.

Braunmühl, Claudia von (2010): Kontra. ‚weltwärts' hilft deutschen Jugendlichen, nicht aber den Entwicklungsländern. In: Weltsichten. Magazin für globale Entwicklung und ökumenische Zusammenarbeit, 2010/2. URL: online unter: https://www.welt-sichten.org/artikel/4340 [Zugriff 17.08.2020].

Brecht, Bertolt (1962): Geschichten. Frankfurt am Main: Suhrkamp.

Brühlmeier, Arthur (o. J.): Pestalozzi und die Armut. http://www.heinrich-pestalozzi.de/grundgedanken/armut [Zugriff: 23.03.2018].

Bundesministerium für Bildung und Forschung = BMBF (1999): Bologna-Erklärung. https://www.bmbf.de/files/bologna_deu.pdf [Zugriff: 17.11.2020].

Bundesministerium für Bildung und Forschung = BMBF (2001). Deutsche Stellungnahme zum Memorandum der EU-Kommission zum lebenslangen Lernen. https://www.saarland.de/SharedDocs/Downloads/DE/mbk/Weiterbildung/Weiterbildungsberichte/ueberregionale_weiterbildungsberichte_statistiken/stellungnahme_memorandum_Lebenslanges_Lernen_2001.html [Zugriff 17.11.2020].

Comenius, Johann A. (1921): Eine Auswahl aus seinen pädagogischen Schriften für den Gebrauch an Seminaren. Herausgegeben von H. Luthmer. 5. Aufl. Bielefeld/Leipzig: Belhagen & Klasing.

Dahlheim, Werner (1992): Die griechisch-römische Antike. Band 1. Herrschaft und Freiheit: Die Geschichte der griechischen Stadtstaaten. Paderborn/München/Wien/Zürich: Schöningh.

Dahrendorf, Ralf (1968): Bildung ist Bürgerrecht. Plädoyer für eine aktive Bildungspolitik. Hamburg: Christian Wegner Verlag.

Davis, Kinsley/Moore, Wilbert E. (1973): Einige Prinzipien der sozialen Schichtung. In: Hartmann, Heinz (Hrsg.): Moderne amerikanische Soziologie. Stuttgart: Enke, S. 396–410.

Deutscher Bundestag (2006): Antwort der Bundesregierung auf die Kleine Anfrage der Abgeordneten Cornelia Hirsch, Dr. Petra Sitte, Volker Schneider (Saarbrücken), weiterer Abgeordneter und der Fraktion DIE LINKE, Kritik des UN-Sonderberichterstatters am deutschen Bildungssystem. Drucksache 16/781. URL: http://dip21.bundestag.de/dip21/btd/16/009/1600985.pdf [Zugriff: 03.08.2020].

Dewey, John (1913, published first 1899): The School and Society. Being Three Lectures. Chicago: University of Chicago Press.

Dewey, John (2000, zuerst 1933): Demokratie und Erziehung. Eine Einleitung in die philosophische Pädagogik. Weinheim: Beltz.

Die Bibel oder die ganze Heilige Schrift des alten und neuen Testaments (nach der deutschen Übersetzung Martin Luthers) (1910): Stuttgart: Württembergische Bibelgesellschaft.

Eisenbart, Constanze (2001): Picht, Georg. In: Neue Deutsche Biographie, 20(1), S. 417f. URL: https://www.deutsche-biographie.de/pnd118742388.html#ndbcontent [Zugriff: 04.08.2020].

Eßbach-Kreuzer, Uschi (1980): Wie ein Sprung ins kalte Wasser ... Psychische Schwierigkeiten bei Studenten des Zweiten Bildungsweges. In: Medizin/Mensch/Gesellschaft, 5(1), S. 54–59.

Evangelische Kirche in Deutschland (EKD) (2006): Gerechte Teilhabe. Befähigung zu Eigenverantwortung und Solidarität. Eine Denkschrift des Rates der EKD zur Armut in Deutschland. Gütersloh: Gütersloher Verlagshaus.

FDP (2017): Denken wir neu. Das Programm der Freien Demokraten zur Bundestagswahl 2017. URL: https://www.fdp.de/sites/default/files/uploads/2017/08/07/20170807-wahlprogramm-wp-2017-v16.pdf [Zugriff: 17.08.2020].

Ferdinand, Ursula (2006) Historische Argumentationen in den deutschen Debatten zu Geburtenrückgang und differentieller Fruchtbarkeit. Fallbeispiel Karl Valentin Müller (1896–1963). In: Historical Social Research, 31(4), S. 208–235.

Fink, Gerhard (2001): Platons große Dialoge. Meisterwerke kurz und bündig. München/ Zürich: Piper.

Fischer, Torsten/Ziegenspeck, Jörg W. (2008): Erlebnispädagogik. Grundlagen des Erfahrungslernens. Erfahrungslernen in der Kontinuität der historischen Erziehungsbewegung. Bad Heilbrunn: Klinkhardt.

Fleischhauer, Jan (2017): Neue Klassengesellschaft. Wer diesen Satz lesen kann hat gute Eltern. URL: https://www.spiegel.de/politik/deutschland/leseschwache-schueler-die-neue-klassengesellschaft-a-1183282.html [Zugriff: 16.05.2020].

Franklin, Benjamin (1947): Proposals Relating to the Education of Youth in Pennsylvania. URL: http://nationalhumanitiescenter.org/pds/becomingamer/ideas/text4/franklinproposals.pdf [Zugriff: 16.05.2020].

Freire, Paulo (1976): Pädagogik der Unterdrückten. Bildung als Praxis der Freiheit. Reinbek: Rowohlt.

Friese, Marianne (1996): Clara Zetkin. Die Schulfrage (1904). In: Kleinau, Elke/Mayer, Christine (Hrsg.): Erziehung und Bildung des weiblichen Geschlechts. Eine kommentierte Quellensammlung zur Bildungs- und Berufsbildungsgeschichte von Mädchen und Frauen. Band 1, Weinheim: Deutscher Studienverlag, S. 161–168.

Fuchs, Birgitta (2009): Friedrich Daniel Ernst Schleiermacher: Grundzüge der Erziehungskunst (Vorlesung zur Pädagogik von 1826) In: Böhm, Siegfried/Fuchs, Birgitta/Seichter, Sabine (Hrsg.): Hauptwerke der Pädagogik. Paderborn/München/Wien/Zürich: Schöningh, S. 406–408.

Funk, Barbara J./Karakaşoğlu, Yasemin/Vogel, Dita (2015): „Es darf nicht an Papieren scheitern." Theorie und Praxis der Einschulung von papierlosen Kindern in Grundschulen. Frankfurt: GEW.

Gerrig, Richard J. (2018): Psychologie. 21. Aufl. Hallbergmoos: Pearson Deutschland.

Geißler, Gert/Barth, Bernd-Rainer Barth (2010): Robert Alt. In: Helmut Müller-Enbergs, Helmut/Wielgohs, Jan/Hoffmann, Dieter/Herbst, Andreas/Kirschey-Feix, Ingrid (Hrsg.): Wer war wer in der DDR? Ein biographisches Lexikon, 5. Aufl. Berlin: Ch. Links Verlag. URL: https://www.bundesstiftung-aufarbeitung.de/de/recherche/kataloge-datenbanken/biographische-datenbanken/robert-alt [Zugriff: 21.08.2020].

Geißler, Rainer (2002): Die Sozialstruktur Deutschlands: Die gesellschaftliche Entwicklung vor und nach der Vereinigung. Wiesbaden: Westdeutscher Verlag.

Goldthorpe, John (2003): The myth of education-based meritocracy. Why the theory isn't working. In: New Economy 10 (4), pp. 234–239.

Hahn, Kurt (1930): Die Sieben Salemer Gesetze. URL: https://www.jugendprogramm.de/bibliothek/medien/kurt-hahn/7_Salemer_Gesetze.pdf [Zugriff: 22.03.2018].

Hartnacke, Wilhelm (1932): Bildungswahn – Volkstod! München: J. F. Lehmanns Verlag.

Hartnacke, Wilhelm (1950): Geistige Begabung, Aufstieg und Sozialgefüge. Gegen eine Verstümmelung der Höheren Schule. Wolfenbüttel: Westphälische Verlagsbuchhandlung.

Hartung, Manuel J. (2015): Er hatte recht. In: Die Zeit 46/2015. URL: https://www.zeit.de/2015/46/ralf-dahrendorf-streitschrift-bildung-buergerrecht-aktualitaet [Zugriff: 22.03.2018].

Hochschild, Jennifer (2001): The Public Schools and the American Dream. URL: http://nrs.harvard.edu/urn-3:HUL.InstRepos:3353763 [Zugriff: 16.05.2020].

Hurtz, Simon (2012): Im Slum auf Selbstsuche. In: ZEIT Campus Nr. 4/2012. URL: https://www.zeit.de/campus/2012/04/volunteers [Zugriff: 04.08.2020].

Käsler, Dirk (1997): Müller, Karl Valentin, In: Neue Deutsche Biographie, 18(1), S. 445–447. URL: https://www.deutsche-biographie.de/pnd117608076.html#ndbcontent [Zugriff: 04.08.2020].

Kant, Immanuel (1803): Über Pädagogik. Bemerkungen aus den über diesen Gegenstand bei der Universität mehrmals gehaltenen Vorträgen, herausgegeben von D. Friedrich Theodor Rink. Königsberg: Friedrich Nicolovius.

Koch, Lutz (2009): Platon. Politeia. In: Böhm, Winfried/Fuchs, Birgitta/Seichter, Sabine (Hrsg.): Hauptwerke der Pädagogik. Paderborn/München/Wien/Zürich: Schöningh, S. 356–359.

Kommission der Europäischen Gemeinschaft (2000): Memorandum über Lebenslanges Lernen. URL: https://www.hrk.de/uploads/tx_szconvention/memode.pdf [Zugriff: 04.08.2020].

Kommission der Europäischen Gemeinschaft (2006): Erwachsenenbildung. Man lernt nie aus. Mitteilung der Kommission. Brüssel.

Krappmann, Lothar (2007): Vorwort. Der Besuch von Vernor Muñoz-Villalobos: Eine menschenrechtliche Perspektive auf das deutsche Bildungswesen. In: Overwien, Bernd/ Prengel, Annedore (Hrsg.): Recht auf Bildung. Zum Besuch des Sonderberichterstatters der Vereinten Nationen in Deutschland. Opladen & Farmington Hills: Barbara Budrich, S. 9–17.

Kron, Friedrich W. (2001): Grundwissen Pädagogik. München/Basel: Reinhardt-UTB.

Liebknecht, Wilhelm (1976, zuerst 1872): Wissen ist Macht, Macht ist Wissen. In: Schröder, Wolfgang (Hrsg.): Kleine Politische Schriften. Leipzig: Reclam, S. 133–172.

Maihofer, Andrea (1998): Gleichheit und/oder Differenz? Zum Verlauf einer Debatte. In: Kreisky, Eva/Sauer, Birgit (Hrsg.): Geschlechterverhältnisse im Kontext politischer Transformation. Politische Vierteljahresschrift Sonderhefte 28/1997, Wiesbaden: VS Verlag für Sozialwissenschaften.

März, Fritz (2000): Personengeschichte der Pädagogik. Ideen – Initiativen – Illusionen. Bad Heilbrunn: Klinkhardt.

Meckel, Nina (2008): Schüler mit überdurchschnittlichem IQ brauchen besondere Betreuung. FOCUS-SCHULE zeigt, wo die Klügsten gefördert werden und hilft bei der Auswahl der richtigen Schule. URL: https://www.focus.de/familie/schule/schulwahl/schulen-fuer-gipfelstuermer-hochbegabte_id_2527606.html [Zugriff: 04.08.2020].

Miethe, Ingrid (2007): Bildung und soziale Ungleichheit in der DDR. Möglichkeiten und Grenzen einer gegenprivilegierenden Bildungspolitik. Opladen/Berlin/Toronto: Barbara Budrich.

Miethe, Ingrid/Kleber, Birthe (2013): Bildungswettlauf zwischen West und Ost. Ein retrospektiver Vergleich. In: Braches-Chyrek, Rita/Nelles, Dieter/Oelerich, Gertrud/Schaarschuch, Andreas (Hrsg.): Bildung, Gesellschaftstheorie und Soziale Arbeit. Opladen/ Berlin/Toronto: Barbara Budrich, S. 155–174.

Müller, Gini (2008): Possen des Performativen. Theater, Aktivismus und queere Politiken. Wien: Turia + Kant.

Müller, Karl Valentin (1935): Der Aufstieg des Arbeiters durch Rasse und Meisterschaft. München: Lehmann.

Müller, Karl Valentin (1943): Deutsche Lebensströme im Aufstieg des Tschechentums. In: Deutsche Monatshefte, 8(19), S. 310–328.

Müller, Karl Valentin (1956): Begabung und soziale Schichtung in der hochindustriellen Gesellschaft. Schriftenreihe des Instituts für empirische Soziologie, Bd. 1. Köln/Opladen: Westdeutscher Verlag.

Muñoz, Vernor (2007): Sekretariat der Ständigen Konferenz der Kultusminister der Länder in der Bundesrepublik Deutschland (Bonn, 31.1.2007). Arbeitsübersetzung. Vereinte Nationen Generalversammlung. Bericht des Sonderberichterstatters Vernor Muñoz. URL: https://rundschau-hd.de/wp-content/uploads/arbeitsubersetzung_munoz-bericht.pdf [Zugriff: 03.08.2020].

Nath, Axel (2000): Bildungswachstum und soziale Differenzen. Gibt es Anlass zu Bildungspessimismus? In: Die Deutsche Schule. 6. Beiheft, S. 63–86.

Oelkers, Jürgen (2000): Nachwort zur Neuausgabe von Jürgen Oelkers: Dewey in Deutschland – ein Mißverständnis. In: Oelkers, Jürgen (Hrsg.): John Dewey. Demokratie und Erziehung. Eine Einleitung in die philosophische Pädagogik. Weinheim/Basel: Beltz, S. 489–509.

Overwien, Bernd/Prengel, Annedore (2007) (Hrsg.): Recht auf Bildung. Zum Besuch des Sonderberichterstatters der Vereinten Nationen in Deutschland. Opladen/Farmington Hills: Barbara Budrich.

Parsons, Talcott (1972): Das System moderner Gesellschaften. München: Juventa.

Pestalozzi, Johann Heinrich (PSW 1) (1927, zuerst 1777): Aufsätze über die Anstalt auf dem Neuhofe. In: Kritische Gesamtausgabe der Werke Pestalozzis, Schriften aus der Zeit von 1766-1780. Bearb. v. Walter Feilchenfeld, unter Mitwirkung v. Albert Bachmann, Walter Clauss u. Adrian Corrodi-Sulzer. Berlin 1927, S. 137–190.

Pestalozzi, Johann Heinrich (PSW 13) (1932): Wie Gertrud ihre Kinder lehrt. In: Kritische Gesamtausgabe der Werke Pestalozzis: Schriften aus der Zeit von 1799-1801. Bearb. v. Herbert Schönebaum u. Kurt Schreinert. Berlin, S. 181–360.

Pestalozzi, Johann Heinrich (PSW 19) (1956, zuerst 1806): Ansichten, Erfahrungen und Mittel zur Beförderung einer der Menschennatur angemessenen Erziehungsweise. In: Kritische Gesamtausgabe der Werke Pestalozzis: Ansichten und Erfahrungen, die Idee der Elementarbildung betreffend, 1805-1807. Bearb. v. Emanuel Dejung u. Walter Feilchenfeld Fales. Zürich.

Pestalozzi, Johann Heinrich (PSW 26) (1957): In: Kritische Gesamtausgabe der Werke Pestalozzis: Schriften von 1818–1820. Bearb. v. Emanuel Dejung u. Käte Silber. Rede zur Einweihung der Armenanstalt in Clindy im März, Zürich, S. 19–21.

Picht, Georg (1964): Die deutsche Bildungskatastrophe. Olten/Freiburg im Breisgau: Walter Verlag.

Platon (2000): Der Staat/Politeia. Griechisch-deutsch. Übersetzt von Rüdiger Rufener. Einführung, Erläuterungen, Inhaltsübersicht und Literaturhinweise von Thomas Alexander Szlezak. Düsseldorf/Zürich: Artemis und Winkler.

Prager Kommuniqué (2001): Auf dem Wege zum europäischen Hochschulraum. Kommuniqué des Treffens der europäischen Hochschulminister und -ministerinnen am 19. Mai 2001 in Prag. URL: https://www.uibk.ac.at/bologna/bologna-prozess/dokumente/prag_kommunikee_2001.pdf [Zugriff: 18.08.2020].

Prange, Klaus (2008): Schlüsselwerke der Pädagogik. Band 1. Von Plato bis Hegel. Stuttgart: Kohlhammer.

Prange, Klaus (2009): Schlüsselwerke der Pädagogik. Band 2. Von Fröbel bis Luhmann. Stuttgart: Kohlhammer.

Preckel, Franzif/Baudson, Tanja G. (2013): Hochbegabung. Erkennen, Verstehen, Fördern. München: C.H. Beck.

Rang, Adalbert (1967): Der politische Pestalozzi. Frankfurt am Main: Europäische Verlagsanstalt.

Raunig, Gerald (2005): Kunst und Revolution. Künstlerischer Aktivismus im langen 20. Jahrhundert. Wien: Turia + Kant.

Reichel, Andreas (o. J.): Hartnacke, Wilhelm, in: Sächsische Biografie, hrsg. vom Institut für Sächsische Geschichte und Volkskunde e. V. URL: http://www.isgv.de/saebi [Zugriff: 03.04.2020].

Rousseau, Jean-Jacques (1998, zuerst 1755): Abhandlung über den Ursprung und die Grundlagen der Ungleichheit unter den Menschen. Berlin: Reclam.

Rousseau, Jean-Jacques (2010, zuerst 1762): Émile oder Über die Erziehung. Aus dem Französischen frei übersetzt von Hermann Denhardt, Köln: Anaconda.

Rousseau, Jean-Jacques (o. J. zuerst 1762): Der Gesellschaftsvertrag. Oder die Grundsätze des Staatsrechtes. URL: http://www.zeno.org/Philosophie/M/Rousseau,+Jean-Jacques/Der+Gesellschaftsvertrag/Erstes+Buch/1.+Inhalt+des+ersten+Buches [Zugriff: 04.08.2020].

Sarrazin, Thilo (2012): Deutschland schafft sich ab. Wie wir unser Land aufs Spiel setzen. München: DVA.

Schleiermacher, Friedrich (1996): Die Begünstigten noch mehr begünstigen? In: Bolder, Axel/Heid, Helmut/Heinz, Walter R./Kutscha, Günter/Krüger, Helga/Mdeier, Artur/Roday, Klaus (Hrsg.): Die Wiederentdeckung der Ungleichheit. Aktuelle Tendenzen in Bildung für Arbeit. Jahrbuch Bildung und Arbeit 96. Opladen: Leske + Budrich, S. 275–287.

Schleiermacher, Friedrich (2000): Texte zur Pädagogik. Kommentierte Studienausgabe. Band 2. Herausgegeben von Michael Winkler und Jens Brachmann. Frankfurt am Main: Suhrkamp.

Schramm, Kathrin (2010): Erziehungswissenschaft im Bologna-Prozess. Zwischen Professionalisierung und Deprofessionalisierung. Marburg: Tectum Verlag.

Solga, Heike (2013): Meritokratie – die moderne Legitimation ungleicher Bildungschancen. In: Berger, Peter A./Kahlert, Heike (Hrsg.): Institutionalisierte Ungleichheiten. Wie das Bildungswesen Chancen blockiert. 3. Aufl. Weinheim/Basel: Beltz-Juventa, S. 19–38.

Sommerfeld, Peter (2001): Erlebnispädagogik. In: Otto, Hans-Uwe/Thiersch, Hans (Hrsg.): Handbuch Soziale Arbeit. München: Reinhardt, S. 394–402.

Standop, Jutta/Röhrig, Ernst-Daniel/Winkels, Raimund (2017) (Hrsg.): Menschenbilder in Schule und Unterricht. Weinheim: Beltz/Juventa.

Stumpf, Hildegard (2007): Die bedeutendsten Pädagogen. Wiesbaden: Marix Verlag.

Tenorth, Heinz-Elmar (2000): Geschichte der Erziehung. Einführung in die Grundzüge ihrer neuzeitlichen Entwicklung. Weinheim/München: Juventa.

Theling, Gabriele (1986): Vielleicht wär ich als Verkäuferin glücklicher geworden. Arbeitertöchter und Hochschule. Münster: Westfälisches Dampfboot.

Töpfl, Florian (2008): Egotrips ins Elend. Magazin Süddeutsche Zeitung 19/2008. URL: https://sz-magazin.sueddeutsche.de/gesellschaft-leben/egotrips-ins-elend-75398 [Zugriff: 22.03.2018].

Weber, Hermann (1985): Liebknecht, Wilhelm. In: Neue Deutsche Biographie, 14(1), S. 503-504. URL: https://www.deutsche-biographie.de/pnd118572768.html#ndbcontent [Zugriff: 23.03.2018].

Weiser, Barbara (2016): Recht auf Bildung für Flüchtlinge. Rahmenbedingungen des Zugangs zu Bildungsangeboten für Asylsuchende, Schutzberechtigte und Personen mit Duldung (schulische oder berufliche Aus- und Weiterbildung). Berlin: Informationsverbund Asyl und Migration e. V. URL: https://www.nds-fluerat.org/wp-content/uploads/2017/02/Recht-auf-Bildung-f%C3%BCr-Fl%C3%BCchtlinge.pdf [Zugriff: 03.08.2020].

Young, Michael (1961): Es lebe die Ungleichheit. Auf dem Wege zur Meritokratie. Düsseldorf: Econ (engl. Original 1958: The Rise of Meritocracy).

Young, Michael (1994): Meritocracy Revisited. In: Society, 31(6), S. 87–89.

Young, Michael (2001): Down with meritocracy. In: The Guardian: URL: https://www.theguardian.com/politics/2001/jun/29/comment [Zugriff: 02.09.2019].

Zetkin, Clara (1957a): Die Schulfrage. Referat gehalten auf der 3. Frauenkonferenz in Bremen 1904. In: Institut für Marxismus-Leninismus beim ZK der SED (Hrsg.): Clara

Zetkin. Ausgewählte Reden und Schriften. Band I. Auswahl aus den Jahren 1889 bis 1917. Berlin: Dietz Verlag, S. 251–271.

Zetkin, Clara (1957b): Der Vorkämpfer unserer Frauenbewegung (Februar 1910). In: Institut für Marxismus-Leninismus beim ZK der SED (Hrsg.): Clara Zetkin. Ausgewählte Reden und Schriften. Band I. Auswahl aus den Jahren 1889 bis 1917. Berlin: Dietz Verlag, S. 458–465.

Zetkin, Clara (1960, zuerst 1920): Richtlinien für die kommunistische Frauenbewegung. In: Institut für Marxismus-Leninismus (Hrsg.): Clara Zetkin. Ausgewählte Reden und Schriften, Band II, Auswahl aus den Jahren 1918–1923. Berlin: Dietz Verlag, S. 260–289.

Zetkin, Clara (1977): Fünf Jahre Russische Revolution und die Perspektive der Weltrevolution. Referat auf dem IV. Weltkongress der Kommunistischen Internationale. In: Institut für Marxismus-Leninismus beim ZK der SED: Für die Sowjetmacht. Artikel, Reden und Briefe 1917–1933. Frankfurt a. M.: Verlag Marxistische Blätter. Lizenz des Dietz-Verlag Berlin, Ausgabe für die Bundesrepublik Deutschland und Westberlin.

Ziegler, Albert (2018): Hochbegabung. München: Ernst Reinhardt.